KB233591

패키지형 세제개혁

증세와 감세를 넘어서

* 이 책은 2009년 교육과학기술부의 재원으로 연구재단의 지원을 받아 수행된 연구(KRF-2009-328-B00069)이다. 당초 연구과제명은 '토지소유의 양극화와 패키지형 세제개편'이었으나, 책의 내용을 분명하게 나타내기 위해 현재의 제목으로 바꾸었다.

패키지형 세제개혁

증세와 감세를 넘어서

남기업 지음

책을 내면서

　세금, 참 어려운 주제다. 경제학에서 세금만큼 격렬한 논쟁을 불러오는 영역이 또 있을까? 한쪽에서는 세금을 많이 거둘수록 좋고 마땅히 그래야 한다고 주장하고, 반대쪽에서는 세금은 덜 거둘수록 좋을 뿐만 아니라 그렇게 하는 것이 정의롭다는 내용의 반론을 제기한다. 세금을 평가하는 잣대에서 가장 중요한 것이 공평의 원칙인데, 사실 어떤 조세체계가 공평한 것인지에 대한 일치된 의견은 없다. 세금과 관련해서 우리는 길을 잃었다고 해도 과언이 아니다.

　산악인들 사이에서 잘 알려진 "산에서 길을 잃었을 때는 정상에 올라가서 다시 내려다보라"는 유명한 경구가 있는데, 그렇다면 세금과 관련된 '정상'은 무엇일까? 대체 우리는 어디로 올라가야 길을 찾을 수 있는 걸까? 필자는 '소유권'이라고 생각한다. 세금을 논하는데 웬 소유권이냐고 할 수 있겠지만, 사실 세금은 '얼마나 사적 소유권을 인정할 것인가'를 다루는 것이기도 하다. 예를 들어서 개인소득세를 많이 징수한다는 것은 개인이 노력해서 번 소득의 상당부분이 개인의 순수한 노력의 결과로 보기 어렵다는, 다른 말로 하면 개인소득에는 사회의 기여가 상당부분 포함되어 있다는 전제가 깔려 있다. 이렇게 추상의 사다리를 타고 올라가 소유권부터 정리하면 상식 있는 사람이 동의할 수 있는 바람직한 세제개편의 방향이 도출할 수 있다는 것이 이 책의 기본 전제이다.

이런 관점에서 필자는 세제개편과 관련한 양대 축이라 할 수 있는 <증세>와 <감세>가 아니라, 양자를 새롭게 결합한 방법, 즉 토지세는 강화하고 다른 세금은 감면하는 '패키지형 세제개혁'(이하 <개혁>)이 소유권원칙, 경제원칙, 조세원칙에 가장 잘 부합함을 보이고, 그것의 구체적인 실행방법을 제시하였다. 한마디로 말해서 <개혁>은 추상적 원칙과 구체적 실행전략을 결합한 새로운 세제개편 방안이라고 할 수 있다.

하지만 이렇게 추상과 구체를 결합했다고 해서 이 책이 제시한 <개혁>에 문제나 의문점이 전혀 없다는 것은 아니다. 논리상에 문제점이 있고, 현실 적합성에도 상당한 의문이 제기될 수 있다. 그럼에도 불구하고 이렇게 부족한 책을 내놓는 까닭은, 부족한 대로 내놓고 독자들의 평가를 받는 것이 장래의 더 나은 연구를 위한 길이라 여겼기 때문이다. 여러 가지로 부족한 이 책이 '바람직한 세제개편'에 관한 논쟁에 조금이나마 도움이 되었으면 좋겠다.

한 사람이 정리한 지식 중에 오롯이 내 것이라고 할 수 있는게 대체 얼마나 될까? 필자의 경우에는 '거의'가 아니라 '전혀' 없다고 해야 할 것 같다. 정확히 말하면 이 책은 기존 지식을 필자 나름대로 재구성한 것이다. 기본적으로 이 책은 인간을 가장 괴롭히는 '빈곤문제'를 해결하는 데 평생을 바친 미국의 사회경제학자 헨리 조지(Henry George 1839-1897)의 사상에 크게 빚지고 있다. 그가 쓴 『진보와 빈곤』을 처음 읽었을 때 가슴 벅찼던 감격의 기억은 아직도 생생하고, 그때의 경험은 지금도 필자의 연구 활동에 동력으로 작용하고 있다. 또한 이 책에는 한국에서 헨리 조지의 사상을 현대적으로 해석하고 적용하기 위해서 애쓰고 있는 선배 학자들의 생각이 녹아 있다. 이분들에게도 감사와 존경의 마음을 전하고 싶다. 그리고 필자가 몸담고 있는 '토지＋자유연구소'에서 같이 활동하고 있는 조성찬 박사와 성승현 연구원의 격려에도 고마운 맘을 전한다.

2013년 7월 헨리조지센터에서

남기업 쓰다

Contents

PART 1

증세와 감세를 창조적으로 결합한 제3의 세제개혁

01

증세의 필요성이 점증하고 있다

모두가 체감하고 있듯이 지금 대한민국의 상황은 갈수록 나빠지고 있다. 먼저 가장 중요한 일자리 상황을 살펴보자. 2013년 1월 현재 실업률은 3.4%이지만 15~64세 인구에서 취업자를 나타내는 고용률은 63.0%인데, 이는 미국(66.5%), 일본(70.5%), 호주(71.6%)보다 훨씬 낮은 수치이다. 쉽게 말해서 다른 나라보다 일하는 사람이 적다는 것이고, 뒤집어 말하면 1인당 부양인구가 많다는 것이다. 취업준비자, 구직단념자, 육아, 가사 등으로 경제활동을 하지 않는 인구가 무려 1,690만 명(2013년 1월)이나 된다.

소득분배상황은 어떨까? 소득분배상태를 나타낼 때 가장 많이 쓰이는 지수인 지니계수는 0에 가까울수록 평등하고 1에 가까울수록 불평등한 것인데, 2000년 0.279이던 지니계수는 2011년 0.313으로 올라갔다. 또한 통계청에 따르면 1990년 75.4%였던 중산층(총 가구의 소득순위 중 가운데를 차지하는 가구의 소득의 50~150%에 해당하는 가구)의 비중은 2000년 71.7%, 2005년

69.2%에서 2010년에는 67.5%로 꾸준히 줄어들고 있는 반면, 저
소득층은 1990년 7.1%에서 해마다 늘어 2010년에는 12.5%로
크게 증가했고, 고소득층은 1990년 17.5%에서 2000년 19%, 2005
년 18.9%, 2010년 20%로 증가했다(한국경제 2012. 10. 10). 한마
디로 말해서 소득양극화가 심화되고 있다는 것이다. 그리고 현
재 우리나라의 노인빈곤율이 45%로 1위를 차지하고 있는데, 이
는 OECD 평균 13.3%의 4배에 가까운 수치이다.

요약해 보면 고용상태는 나쁘고 소득분배상태도 악화되고 있
고, 노후의 삶은 매우 불안한 것이다. 이런 상태에서 출산율이
높을 수가 없다. 2011년 한국의 출산율이 OECD 꼴찌(1.2명)이
고, 자살률이 OECD 국가들 중 8년 연속 1위인 이유가 바로 여
기에 있다.

이와 같은 한국 사회의 상황을 한마디로 표현하면 뭐라고 할
수 있을까? 필자는 '불안이 지배하는 사회'라고 말하고 싶다.
따라서 한국 사회 구성원들 마음속에는 안정에 대한 욕구는 넘
쳐나고 있고 그것은 복지 수요의 증대로 자연스럽게 이어지게
된다. 대다수의 사람들이 더 이상 '시장'을 통해서 삶을 영위하
기가 힘들다고 생각하는 것이다.

더구나 현재 우리나라는 복지에 투입하는 재정의 비율이 형
편없이 낮다. 우리나라의 GDP 대비 복지지출은 2011년 9%인
데, 이는 멕시코에 이어 뒤에서 두 번째이다. 그리고 재정에서

차지하는 복지비중이 28.5%인데, 이는 멕시코의 35%보다 낮아 꼴찌다. 2013년 예산에서 복지지출이 100조 원이고 재정 대비 30%에 육박했다는 것을 빌미로 일부 언론이 복지지출이 상당하다고 보도하고 있지만, 대한민국 복지수준은 너무 열악하다는 것이 객관적 현실이다. 따라서 가야 할 방향은 턱없이 부족한 복지재정을 늘려서 사회 안전망을 튼튼히 하는 것으로 보인다. 확보한 재정으로 실업급여를 충분히 지급하여 실업의 고통을 줄여주고, 노인들이 빈곤에 대한 두려움 없이 살 수 있도록 해주고, 공공임대주택을 충분히 공급해서 주거불안을 해소하고, 의료보장비율을 높여서 아플 때 큰 돈 들이지 않고도 치료받을 수 있도록 해주고, 충분한 양육·보육비를 지급해서 출산율을 높이고, 등록금을 대폭 지원해서 누구나 평등한 학습권을 누리도록 하는 방향으로 가야 한다는 공감대는 이미 형성되어 있다.

그럼 복지재정을 어떻게 마련해야 할까? 지금까지 정리된 대답은 '대폭적인 증세'다. 불필요한데 낭비되는 재정지출을 줄이기도 해야겠지만, <그림 1-1>에서 확인 되듯이 한국의 조세부담률은 2010년 기준으로 19.3%인데, 이는 OECD 34개국에서 28번째 수준이고 OECD 평균 24.6%보다 무려 5.3%가 낮다. 한마디로 말해서 복지를 확대해야 할 증거들이 너무 분명하고, 다른 나라와 비교해봤을 때 세금을 더 거두어야 할 이유도 명백하다.

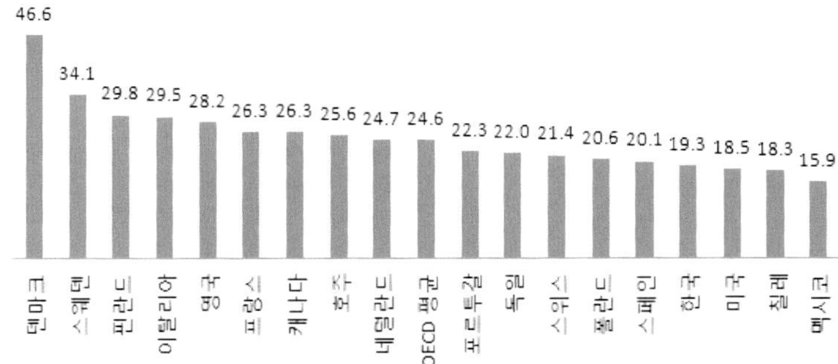

자료: OECD 2012, *Revenue Statistics 1965~2011,* 기준: 2010년

<그림 1-1> OECD 주요 국가들의 조세부담률 비교

02

복지수요 증가의 원인은 부정의(不正義)

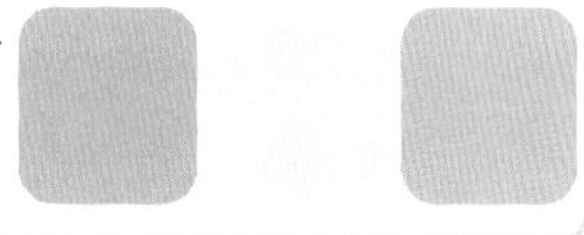

그런데 여기서 우리는 한 가지 중요한 질문을 해 봐야 한다. 왜 이렇게 한국 사회엔 복지수요가 점점 늘어나는 것일까? 이 물음은 이 문제의 해결방향을 결정짓는 본질적인 질문이다. 시장경제는 원래 문제를 일으키니까 사후(事後) 처방인 복지로 해결해야 한다고 하면, 대안은 대폭적 증세와 복지재정 확대가 답이 될 수밖에 없고, 관건은 어떤 세금을 얼마나 올려서 어디에 투입할 것인가로 모아지게 된다. 필자는 불안을 느끼는 사람이 너무 많으니까, 즉 복지수요가 늘어나니까 그것을 충족시키기 위해 증세를 해야 한다는 것은 '대증적(對症的) 처방'이라고 생각한다. 다시 말해서 현상의 원인을 제거하는 것, 즉 한방(韓方)으로 표현하면 '본원적 처방'이 복지강화를 위한 증세보다 우선해야 한다고 본다. 따라서 지금 한국 사회의 우선적 과제는 복지재원 마련을 위한 증세보다 지금과 같은 거대한 복지수요가 왜 생겼는지를 검토하고, 즉 왜 시장을 통해서 자신과 가족의 삶을 보장하기 어려운지 그 원인을 찾아내고 제거하는 것이라고 할 수 있다.

그러면 거대한 복지수요의 원인은 무엇일까? 필자는 '부정의(不正義)'라고 본다. 부정의를 바로잡으면, 즉 정의를 세우면 거대한 복지수요는 거의 사라질 것이라고 본다. 이렇게 '정의'를 들고 나오면 많은 사람들이 가치중립을 지향하는 사회과학에서 무슨 소리냐고 할 수 있겠지만, 사실 명시적으로 드러내지만 않았을 뿐이지, 모든 주의주장의 바탕에는 자신이 전제하는 정의관이 깔려 있다. 예를 들어 모든 생산수단을 사적으로 소유해야 하고 정부는 시장에 개입하지 말아야 한다는 시장만능주의는 생산수단에 대한 사적 소유가 옳다는, 다시 말해서 정의롭다는 전제를 바닥에 깔고 논리를 전개하는 이론이다. 그런데 이들은 정의를 말하면 "사회과학은 신념으로 하는 것이 아니다, 사회과학은 '과학'이다!"라고 말한다. 참 희한한 일이 아닐 수 없다.

그런데 정의에 관한 정의(definition)는 사람에 따라서 다양하기 때문에 필자가 말하는 정의관을 먼저 제시하는 것이 순서일 것이다. 필자는 정의를 한 집단이 다른 집단을, 혹은 한 사람이 다른 사람을 억압하거나 착취하지 않은 "올바른 관계"로 정의한다. 다시 말해서 정의는 '관계의 문제'인 것이다.

그러면 이러한 정의를 경제 영역에 구현하기 위해 추상의 사다리를 타고 내려와서 좀 더 구체적으로 생각해보자. 경제는, 다른 말로 하면 시장은 다양한 경제 행위자들 간의 관계로 이루어져 있는데, 여기서 필자가 주목하고자 하는 것은 대기업과 중소기업 간의 관계, 다양한 노동자들 간의 관계, 노동자와 사용자와의 관계다. 그리고 이 관계가 정의로운 상태를 각각 기업정의(企業正義), 노동정의(勞動正義), 노사정의(勞使正義)로 부르려고 한다. 기업정의란 대기업이 중소기업을 착취하지 않는 관계를 의미하고, 노동정의는 비정규직과 정규직 간의 처우수준이나 임금격차가 합리적인 것을 의미하며, 노사정의는 노동자와 사용자 간의 관계가 평등한 것을 말한다.

먼저 기업정의의 관점에서 보면 많은 사람들이 지적하고 있듯이 우리나라의 중소기업과 대기업의 관계는 착취가 구조화되어 있다. 이렇게 되면 중소기업의 생산성은 떨어질 수밖에 없고 거기에 다니는 노동자들도 저임금 상태에서 헤어 나오기 어려우며, 이것은 생활이 곤란한, 즉 복지에 의존할 수밖에 없는 인구를 증가시킨다. 노동정의, 즉 노동자들 사이에서의 정의는 같은 일을 하면 같은 임금을 받는 것이 정의다. 그러나 우리나라는 같은 일에 종사함에도 불구하고, 심지어는 더 고된 일을 함에도 불구하고 비정규직의 임금은 정규직의 절반밖에 되지 않는 경우가 수두룩하고, 중소기업 노동과 대기업 노동의 임금격차도 심각한데, 이것 역시 거대한 복지수요의 주된 원인이다.

마지막으로 노사정의를 보면 노동자와 사용자 간의 힘의 비대칭성이 매우 크다는 것을 알 수 있다. 한국은행(2013)에 따르면 1991년에서 2000년 10년 동안 임금증가율은 11.7%였고 법인기업의 영업이익 증가율은 12.8%여서 격차가 1.1%p였었는데, 2001년에서 2011년 동안에는 각각 10.2%, 7.2%로 격차가 3.0%p로 벌어진 것으로 나타났다. 또한 산업연구원(2013)에 따르면 "2000년 이후 기업소득 증가율은 고도성장기의 두 배 수준으로 상승한 반면, 가계소득 증가율은 고도성장기의 약 1/4 수준으로 급락"한 것을 볼 수 있는데, 이것은 "2000~2010년 간 가계와 기업 간 소득 증가율 격차는 한국이 OECD 국가 중 헝가리에 이어 두 번째로 큰 수준"이다. 그리고 이러한 "성장 불균형은 2007년 이후 더욱 심화되어 기업소득/가계소득 비율은 2008년 이래 매년 사상 최고 기록을 경신 중"인 것으로 나타난다.(<표 1-1> 참조)

<표 1-1> 가계소득, 기업소득, GNI 증가율 변화 추이 비교

(단위: %)

구 분	1975~1997	1997~2000	2000~2006	2006~2010
가계소득	8.1	2.4	2.8	1.7
기업소득	8.2	16.4	14.9	18.6
GNI	8.9	3.4	3.8	2.8

주 1) 가계소득은 개인 가처분소득, 기업소득은 법인(법인 및 비금융법인) 가처분소득
　　2) 기간 중 연평균 증가율(실질, %)
자료: 한국은행 ECOS; 산업연구원(2013)에서 재인용.

　이렇게 성장의 과실이 공평하게 분배되지 않는 이유에는 여러 가지가 있겠지만, 이는 아마도 사용자의 힘이 노동자에 비해서 월등히 큰 것도 하나의 이유일 것이다. 다시 말해서 사용자와 노동자 간의 관계가 정의롭지 않다는 것이고, 이것 역시 복지수요의 원인이 된다.

　요약해보면 이렇게 거대한 복지수요가 존재하는 이유는 각 경제주체 간의 관계가 정의롭지 못하기 때문이다. 대기업과 중소기업과의 관계, 정규직과 비정규직과의 관계, 노동자와 사용자와의 관계에 착취가 구조화되어 있다는 것이다. 이런 이유 때문에 한국 사회 대부분의 사람들의 삶이 고단하고 억울한 것이고, 청년들이 노동시장에 나오는 시점이 점점 늦어지는 데 반해 퇴직은 일찍 해야 하고, 안정적인 수입을 보장하는 일자리는 크게 위축되는 것이며, 인구구조는 갈수록 고령화되는 것이다.

03

토지문제와 세제개혁

하지만 이 책은 토지문제를 매우 중요하게 다루려고 하는데,[1] 그 이유는 토지문제가 거대한 복지수요의 뿌리에 해당한다고 보기 때문이다. 토지문제는 주거불안의 주된 원인이고, 신규기업 시장 진출의 장애요인이며, 그래서 일자리 부족의 원인이고, 빈부격차의 중요한 원인이기도 하다. 그뿐 아니라 토지문제는 토지를 많이 가지고 있는 대기업이나 토지부자에게는 사업의 유리함, 혹은 소득기회의 유리함을 제공하고, 토지를 가지고 있지 않은 기업이나 개인에게는 불리하게 작용한다. 요컨대 복지수요로 열거되는 것들인 주거 불안, 일자리 불안, 사회경제적 양극화의 상당한 원인은 토지문제에서 기인한다는 것이다.

한편 토지문제에 주목하는 또 다른 이유는 토지가 대기업과 중소기업 간의 관계, 정규직과 비정규직·중소기업 노동과 대기업 노동과의 관계, 노동자와 사용자와의 관계에 엄청난 영향

---

[1] 많은 사람들이 토지문제를 토지와 건물의 합인 '부동산'문제로 보지만, 부동산문제는 건물이 아니라 토지에서 발생한다는 것을 생각하면 '토지문제'라고 부르는 것이 명실상부(名實相符)하다.

을 미치기 때문이다. 지금의 토지소유권은 재벌 및 대기업에게 매우 유리하고 중소기업에게 매우 불리하게 작용한다. 또한 집을 가지고 있는 대기업 정규직에게 유리하고 그렇지 못한 비정규직 혹은 중소기업 노동자들에게 매우 불리하게 작용한다. 그리고 엄청난 부동산을 소유한 기업에게 유리하고 그렇지 못한 노동자에겐 불리하다. 따라서 토지문제 해결은 기업정의, 노동정의, 노사정의를 세우는 데 큰 도움이 될 것이다. <그림 1-2>에서 볼 수 있듯이 토지문제 해결은 거대한 복지수요를 제거하고, 더 나아가서 국가의 복지 부담을 줄이는 결과를 낳게 될 것이다.

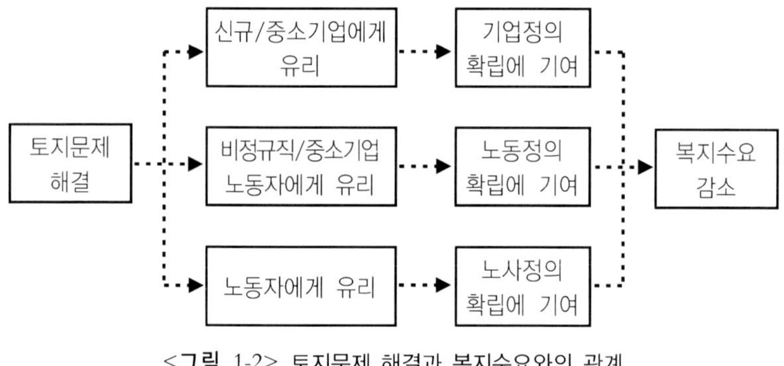

<그림 1-2> 토지문제 해결과 복지수요와의 관계

그러나 토지문제에는 여러 가지가 있으므로 우리가 다루려는 토지문제의 범위를 좁힐 필요가 있다. 토지는 인간의 모든 활동에서 반드시 필요하고, 양이 고정되어 있어서 한 사람이 소유하면 다른 사람을 배제하는 까닭에 다양한 문제를 야기한다. 이러

한 토지문제에서 가장 큰 비중을 차지하는 것이 토지투기인데, 여기에서는 투기의 원인인 토지 불로소득을 집중해서 다룬다. 왜냐하면 토지 불로소득을 처리하는 방법은 결국 세금이기 때문이다. 다시 말해서 토지 불로소득을 차단하는 방법이 토지세를 점진적이고 지속적으로 강화하는 것인데, 바로 이 지점에서 우리는 세제개혁과 토지문제 해결을 결합시킬 수 있는 길을 발견하게 된다. 이렇게 토지투기문제 해결을 세금의 관점에서 바라보면 세제개혁을 통해서 토지투기를 근본적으로 해결하고 토지투기가 초래했던 복지수요를 해소하는 동시에 더 많은 복지재정을 마련할 수 있는 세제개혁의 길이 열리게 된다.

그런데 재밌는 것은 토지문제를 이렇게 세금의 관점에서 바라보게 되면 '증세와 감세의 창조적 결합'이 가능하게 된다는 점이다. 바로 토지세에 대한 증세와 기타 조세에 대한 감세가 가능하다는 것인데, 필자는 이런 관점에서 이것을 '패키지형 세제개혁'2)(아래에서는 <개혁>으로 약칭한다)이라고 명명하고, 이것을 제3의 길이라는 관점에서 논리를 전개하려 한다.

---

2) "패키지형 세제개혁"은 "패키지형 세제개편"이란 용어로 대구가톨릭대 전강수 교수(2007)가 처음 사용한 것이다. 그는 '시장친화적 토지공개념'을 주창하면서 그것의 실행 방안으로 '패키지형 세제개편'과 '토지공공임대제'를 제시했고 이것은 시민단체 '토지정의시민연대'의 주된 정책 대안으로 제시되어 왔었다. 하지만 여기에서는 '개편'보다는 '개혁'이란 표현이 더 적합하다고 생각하여 "패키지형 세제개혁"이란 용어로 사용하고자 한다.

04

추상과 구체가 결합한 <개혁>

이 책의 특징은 추상과 구체를 결합시킨다는 것이다. 이 책이 추상적 논의의 주제로 삼으려고 하는 것은 소유권이다. 소유권 문제는 동서고금을 막론하고 학문의 중심 주제였다. 세금을 논하는데 웬 소유권 이론이냐고 할 수 있는데, 사실 세금은 '얼마나 사적 소유권을 인정할 것인가'를 다루는 것이기도 하다. 예를 들어서 개인소득세를 많이 징수한다는 것은 개인이 노력해서 번 소득의 상당부분이 개인의 순수한 노력의 결과로 보기 어렵다는, 다른 말로 하면 개인소득에는 사회의 기여가 상당부분 가미되어 있다는 전제가 깔려 있다. 이것을 '연대의식'이라는 말로도 표현을 하지만, 사실 높은 개인소득세율은 개인소득의 상당부분은 공유해야 한다는 소유권적 의미가 내포되어 있는 것이다.

사회과학의 수많은 주제들이 그렇지만, 세금과 관련된 논의도 아직 정리되지 않고 있다. 지금은 증세가 대세인 것 같지만, 감세를 해야 문제를 해결할 수 있다는 주장도 있다. 실제로

2007년 대선 당시 한나라당이 내세웠던 세금정책은 감세였고, 이명박 정부는 그 기조를 정책에 반영하여 2007년 21%였던 조세부담률을 19.3%(2010년)로 떨어뜨렸다. 이와 같은 정책추진에는 그것을 뒷받침하는 이론이 있기 마련이다. 오늘날 경제학의 주류인 신고전주의 경제학이 바로 감세의 이론적 기반인데, 신고전주의의 세금이론은 세금을 줄이면 경제가 확장되어 일자리도 늘어나고 결국 저소득층도 혜택을 입게 된다는 것이다. 물론 현재는 정부 지출을 필요로 하는 곳이 워낙 많기 때문에 감세를 노골적으로 주장하지 않지만, 상황이 바뀌면 이들은 바로 감세를 들고 나올 것이 분명하다. 이렇게 세금과 관련된 논의는 상반된 주장이 공존하고 있고, 어떤 때는 증세가 대세였다가 문제가 생기면 다시 시계추의 반대방향인 감세로 이동한다. 중요한 원리에 대해서 합일된 목소리를 내고 있는 자연과학과는 크게 다른 모습이다.

이 책이 소유권적 논의를 세금 논의의 출발점으로 삼으려는 이유가 바로 여기에 있다. 산악인들 사이에서 잘 알려진 "산에서 길을 잃었을 때는 정상에 올라가서 다시 내려다보라"는 유명한 경구가 있는데, 우리는 지금 세금과 관련해서 길을 잃었다 해도 과언이 아니다. 세금을 다루는 교과서를 보면 천편일률적으로 다루는 내용이 있다. 그것은 세금 원칙에는 혜택을 받은 만큼 세금을 내야 한다는 편익 원칙(benefits principle)과 담세능력에 비례해서 세금을 내야 한다는 능력원칙(ability-to-pay principle)이 있는데, 능력원칙은 소득이 많을수록 더 많이 내야 한다는 수직적 공평성과 능력이 같다면 같은 세금을 내야 한다는 수평적 공평성으로 나눈다는 설명이다. 하지만 마지막에는 항상 무엇이 정의롭고 공정한 세금인지에 관한 일치된 의견이 없다는 말을 덧붙인다(김태일 2013, 71~91). 또한 최근에는 "소득이 있는 곳에 세금이 있다.", 혹은 "넓은 세원, 적정 세율", "선 부자 증세, 후 보편 증세"와 같은 주장도 정치인들과 정책 수립가들 사이에 널리 퍼져 있는데, 사실 이것은 모호하기 짝이 없는 구호들이다. "소득이 있는 곳에 세금이 있다."는 구호는 언뜻 그럴듯하게 들리지만 모든 소득을 동일하게 간주하는 약점이 있고, "넓은 세원, 적정 세율"도 모호하기는 마찬가지이다. 그리고 "선 부자 증세, 후 보편 증세"도 왜 부자에게 세금을 많이 거둬야 하는지에 대한 근거가 부족한 건 마찬가지다. 그렇기 때문에 우리는 정상으로 올라가서 고민해야 하는데, 그 정상이 바로 '소유권'이다. 다른 말로 하면 세금에 관한 핵심 쟁점은 어디에 얼마나 과세해야 하는가에 있는데, 과세의 최종석 근거는 소유권에서 결판난다는 것이다. 필자는 소유권 검토를 통해서 오늘날 큰 틀에서 제시되는 증세전략(이후에는 <증세>로 부른다)과 감세전략(이후에는 <감세>로 부른다)에 문제가 있음을 보이고 본 연구가 제시하는 <개혁>의 방향이 바람직하다는 것을 제시할 것이다.

하지만 필자는 소유권 논의를 기존 연구와 좀 다르게 입체적으로 진행하려고 한다. 일차적으로 토지소유권에 집중하고, 그 결론 위에서 생산의 두 번째 요소인 노동의 임금과 세 번째 요소인 자본과 자본의 이자3)를 검토하려고 한다. 보통 소유권을 논의하는 것을 보면 모든 생산수단과 그에 따른 요소소득을 뭉뚱그려서 논의하는 경우가 대부분인데, 이런 논의는 인간과 사회를 어떻게 바라보느냐에 따라 '공유'를 강조하기도 하고, '사유'를 강조하는 것으로 결론짓는 경우가 대부분이다. 하지만 이런 논의는 한계를 지닌다. 먼저 이런 논의는 모든 생산수단과 요소소득의 성격이 서로 다르다는 것을 포착하지 못하는 한계를 보인다. 어떤 생산수단은 사람이 만든 것이 아닐 뿐만 아니라 거기서 생기는 요소소득도 불로소득이 분명한데, 사람이 만들었을 뿐만 아니라 그것의 요소소득이 명백한 노력소득으로 보이는 것은 같은 테이블 위에 올려놓고 논하는 것은 문제가 있다. 두 번째는 모든 것을 뭉뚱그려 논의하면 구체적인 세제개혁 전략이 나오기 어렵다. 필자는 지금까지 소유권을 다루는 사회철학 논의가 경제학에 중요한 근거가 되지 못하는 이유도 여기 있다고 판단한다. 뒤에

---

3) 여기서 '이자'란 금리가 아니고 자본사용의 대가를 의미한다. 많은 경우 자본사용의 대가를 '이윤'이라고 하는데, 사실 이윤은 모든 지출을 빼고 남은 것이기 때문에 그 안에는 많은 것들이 혼합되어 있다. 이윤 안에는 자본사용의 대가인 이자도 있고, 자가 토지소유자의 경우에는 지대도 들어 있고, 자본가 혹은 경영자의 임금도 들어 있다. 하여 여기에서는 각각을 각 생산요소로 돌리고 자본사용의 대가만 이자라는 용어로 사용하고자 한다.

서 다루겠지만, 토지는 다른 것과 구별되는 독특한 생산수단이다. 그리고 토지에 대한 소유권을 논의하게 되면 다른 생산수단과 요소소득에 대한 방향을 어느 정도 정리할 수 있고, "패키지형"의 정당성 내지 당위성도 도출할 수 있게 된다.

그렇지만 필자는 특별히 토지소유권을 다룰 때 보편성을 확보하기 위하여 롤스(John Rawls)로 대표되는 진보와 노직(Robert Nozick)으로 대표되는 보수의 입장에서 어떤 결과가 도출되는지를 각각 다루려고 한다. 그 이유는 <개혁>이 진보뿐만 아니라 보수의 관점에서도 충분히 동의할 수 있다는 것을 보이기 위함이다. 한마디로 말해서 <개혁>이 주장하는 토지소유권은 이념과 무관한 '상식'에 속한다는 것이다.

또한 이 책은 소유권 논의를 마친 후 경제학에서 중요하게 생각하는 효율성과 형평성의 관점에서 <증세>와 <감세>를 <개혁>과 비교할 생각이다. 그리고 마지막으로 조세원칙을 통해서도 <개혁>을 기존 대안과 비교하려고 한다. 그러니까 이 책은 '소유권원칙 → 경제원칙 → 조세원칙'의 경로를 거쳐 가며 <개혁>과 기존 대안들을 비교할 것이다.

이런 비교를 거친 후 필자는 <개혁>을 오늘날 한국 사회에 적용가능성을 높이기 위해서 진보와 보수 두 가지 방식으로 시나리오를 구성하려고 한다. 좀 더 구체적으로 말해서 조세부담률의 목표를 OECD 평균인 25%로 제시하는 진보와 지금의 조세부담률인 19.3%(2010년)를 유지하려는 보수가 실행할 수 있는 <개혁> 시나리오와 시뮬레이션 결과를 제시할 것이다.

마지막으로 오늘날 한국사회에서 <개혁>이 어떤 의미가 있는지를 정리하고 추후 연구 과제를 논의할 것이다.

본론으로 넘어가기 전에 이 책에서 주로 사용하는 용어를 정의하면 다음과 같다. <개혁>은 토지가치공유를 목표로 토지보유세(이하 '토지세'로 통일)를 점진적이고 지속적으로 강화하는 대신 소득세·법인세·부가가치세(이하 '부가세'로 통일)를 감면하는 것으로, <증세>는 토지세·소득세·법인세·부가세를 강화하는 것으로, <감세>는 토지세·소득세·법인세·부가세를 감면하는 정의한다. 물론 지금 한국사회에서 제시되고 있는 증세론과 감세론이 여기서 거론한 모든 세금을 일률적으로 강화한다거나 감면해야 한다고 하지는 않는다. 하지만 그럼에도 이렇게 정의하는 이유는 다양하게 제안되고 있는 세제개혁 전략을 여기서 세세하게 분류·평가하기도 어렵기도 하고, 실제로 증세론과 감세론은 이 중에서 어떤 세금을 먼저, 혹은 더 많이 강화하거나 감면해야 한다는 주장에서만 차이가 있기 때문에 위와 같이 분류해도 큰 문제가 없다고 보았기 때문이다. 요컨대 여기서 정의한 <개혁>·<증세>·<감세>는 '이념형(ideal type)'으로 보면 된다.

PART 2

토지의 중요성과 사회경제적 영향력[1]

01

토지의 독자성과 중요성

<개혁>이 중요한 의미를 지니려면 다른 어떤 것보다 토지의 사회경제적 영향력이 크다는 것이 논증되어야 한다. 그런데 이런 생각은 현대 사회과학에서 크게 지지받지 못하는 것이 현실이다.

현대사회의 모든 문제가 토지문제에서 비롯된 것은 아니지만, 토지 없이는 인간이 생산 활동도, 휴식도, 그야 말로 아무 것도 할 수 없다는 단순한 사실만 인정한다면 한국 사회의 모순 한가운데 토지가 있다는 것을 파악하기란 그리 어려운 일이 아니다. 주거불안, 창업활동 제한, 빈부격차, 용산참사와 같은 갈등, 막대한 돈을 토건에 쏟아붓는 재정낭비, 부정부패, 고위공직자 인사청문회에서의 투기 의혹 등 어느 것 하나 토지와 관련되지 않은 것이 없다.

그러나 이상하게 지식인 서클에서는 이런 생각에 고개를 갸우뚱한다. 농경시대도 아닌데 무슨 '토지'냐고 반문한다. 이런

---

1) PART 2는 남기업(2011)을 수정·보완한 것이다.

분위기를 반영하듯 정치학, 사회학 등 사회과학 일반에서는 산업화 초기 단계에서는 농지로 대변되는 토지문제 해결이 중요한 과제였지만 산업화가 진행된 이후에는 변수가 되지 않는다고 생각한다. 산업화에 걸림돌이 되는 '지주'를 제거하기 위해서 토지개혁이 필요했지만, 일단 산업화가 진행되고 나면 토지의 중요성은 줄어든다고 보는 것이다.

거기에 한술 더 떠서 사회과학의 꽃이라 불리는 경제학은 토지를 아예 다루지 않는다고 해도 과언이 아니다. 토지는 경제학원론에 생산의 3요소를 설명하는 곳에서, 그리고 소득분배를 다루는 곳에서 잠깐 등장하고 만다. 그래서 경제학원론 책에서 토지가 어디에 나오는지 찾으려면 앞의 목차가 아니고 책 뒤 색인표(index)를 통해서 찾아야만 한다. 더더욱 문제가 되는 것은 경제학의 중요한 개념을 다루는 미시경제학에서는 아예 토지가 등장하지 않는다는 점이다. 미시경제학에서 생산자 이론과 소비자 이론을 다루는 파트를 보라. 자신의 소득으로 효용을 극대화하려는 소비자들도 토지를 통해서 돈을 벌려고 하고, 이윤을 극대화하고 비용을 최소화하려는 생산자들도 위험성이 있는 이윤추구보다는 덜 위험한 토지투기를 통해서 소득을 누리려 애쓰고 있으며, 이런 행위들이 생산, 고용, 분배 등 경제의 주요 변수에 심각한 해를 끼친다는 것을 모르는 사람은 없다. 그런데 미시경제학에 등장하는 생산자와 소비자들은 토지와 전혀 상관없이 움직이는 것처럼 묘사되어 있다. 이런 이론으로 무장된 지식인에게 '토지문제 해결'이란 주제는 낯설 수밖에 없다. 오늘날 토지문제가 초래한 수많은 경제문제에 대부분의 경제학자들이 별다른 대책을 내놓지 못하는 이유도 아마 여기에 있을 것이다.

그렇다고 해서 오늘날 학문이 '토지'라는 주제를 완전히 제쳐 버린 것은 아니다. 하지만 다루더라도 토지를 주택과 대출문제를 다룰 때에만, 즉 주거복지나 금융 불안정을 검토할 때만 언급한다. 토지는 '부동산'이란 이름으로 바뀌었고, 경제개혁을 다루는 테이블 위에는 올라오지 못한다. 그러나 일반인들은 너무나 잘 알듯이 토지의 영향력은 이것보다 훨씬 크고 광범위하다. 오늘날의 경제학이 많은 사람들로부터 외면받고 있는 까닭이, 다시 말해서 경제 현실과 경제 이론 간에 커다란 간극이 존재하는 까닭이 일반인들은 너무나 잘 아는 토지의 중요성을 몰각한 것에 있다고 하면 지나친 생각일까?

그렇다면 오늘날 학문으로서의 사회과학이 토지를 중요하게 다루지 않는 이유는 뭘까? 토지의 중요성이 떨어져서일까? 필자는 토지를 자본의 하나로 간주하는 사회과학의 '치명적 오류(fatal mistake)' 때문이라고 본다. 사회과학이 자본과 완전히 다른 토지의 독특성을 간과하고 토지를 독자적으로 다루는 것을 포기한 것이다. 이런 이유 때문에 토지의 사회경제적 영향력이

다른 어떤 것보다 크다는 것을 보이려면 먼저 토지가 독특한 생산요소로서 독자적으로 다뤄져야 함을 논증하지 않으면 안 된다.

그런데 본래 아담 스미스, 데이비드 리카도, 존 스튜어트 밀, 헨리 조지 등의 고전학파는 토지를 독자적인 생산요소로 다루었다. 특히 마지막 고전학파로 알려진 헨리 조지는 경기변동의 주된 변수로 토지를 다루었고, 진보 속에 빈곤이 공존하는 수수께끼 같은 현상을 토지문제에서 찾기도 하였다. 그런데 이런 흐름은 19세기 후반에 대두된 신고전학파에 와서 끊어져 버렸고, 토지를 자본과 동일한 것으로 간주하는 새로운 흐름이 형성되었다. 그렇다고 이런 흐름이 주류경제학인 신고전주의에서만 나타난 것은 아니다. 마르크스주의에서도 동일하게 나타난다. 마르크스는 토지를 자본에 포함시켜서 '불변자본'이라고 불렀다. 케인스주의도 마찬가지이다. 케인스는 토지는 농경시대에서나 중요하다고 말한다(케인스 저·조순 역 1997, 242). 요컨대 토지를 자본의 하나로 간주하는 시각은 신고전주의든, 케인스주의든, 마르크스주의든 모두 같다.

그러나 토지는 자본의 하나가 아니다. 토지는 출생에서, 가격 결정 방법과 가격의 움직임에서 자본과 구분되는 독특한 생산요소다. 아래에서는 중요한 네 가지만 검토해보도록 한다.

첫째, 토지는 주어졌고 재생산이 불가능한 생산요소다. 그에 반해 자본은 인간의 노력에 의해 만들어졌고 재생산이 가능하다. 재생산이 불가능하다는 것은 한 사람의 소유는 필연적으로 타인을 배제할 수밖에 없음을, 다른 말로 하면 피해를 수반할 수밖에 없음을 의미한다. 누구나 좋은 땅을 소유하고 싶어 하는데, 만일 어떤 사람이 그 땅을 소유하고 있다면 그 외에 다른 사람은 사용이 불가능하다. 그러나 자본 소유는 타인에게 손해를 끼치지 않는다. 왜냐하면 자본은 본질적으로 절약과 저축의 산물이기 때문이다. 그뿐 아니라 자본 생산은 GDP를 증가시키고 고용을 창출하는 긍정적 효과도 낳는다. 이 부분만 놓고 보아도 우리는 일반물자인 자본과 달리 토지는 독특한 생산요소임을 알 수 있다.

둘째, 가격 원리가 다르다. 자본의 가격은 '과거'에 투입된 생산 원가를 중심으로 수요와 공급에 의해서 결정되지만, 지가(land price)는 '미래'에 발생할 지대(land rent) 중에서 토지소유자가 소유할 수 있는 부분의 합으로 결정된다. 자동차의 가격은 과거에 투입된 비용을 반영하고 있는 데 반해 지가는 '미래'를 반영하고 있는 것인데(소성찬 2010), 지가의 이런 특성 때문에 자본과 달리 토지에서는 투기2)가 일어난다. 자본의 가격은 극히 예외적인 경우를 제외하고 시간의 경과에 따라 하락한다. 그런데 토지의 가격은 일반적으로 시간이 지남에 따라 올라가고,

---

2) '투기'는 영어로 'speculation'인데, 'speculate'는 '(미래를) 추측하다'라는 뜻이다. 다시 말해서 투기는 미래에 발생할 불로소득에 대한 기대 때문에 발생한다.

앞으로 더 오를 것이라는 분위기가 조성되면 폭등한다. 이런 가격 움직임의 본질적인 차이에서 우리는 토지를 독자적으로 다뤄야 하는 또 하나의 이유를 발견하게 된다.

그런데 이 지점에서 우리에게 한 가지 질문이 생긴다. 그것은 왜 지가는 미래를 반영할까, 하는 질문. 본래 토지는 사람이 만들지 않았기 때문에, 생산비가 없기 때문에 가격이 제로(0)여야 한다. 마르크스의 표현을 빌리면 토지를 생산하는 데 드는 '사회적 필요노동'은 제로이다. 지금의 토지가 있기까지 인간이 노력한 것은 아무것도 없다. 그런데도 가격이 발생하는 이유는 생산성과 편리함이나 유리함이 토지마다 다르기 때문이다. 같은 노동을 투입해도 사람들의 왕래가 빈번한 중심지에서 일하면 편리하고 돈도 많이 벌지만, 변두리에서 일하면 불편하고 돈벌이도 별로다. 어떤 토지는 교통이 편리하고 인근에 공원도 있어서 쾌적하지만 어떤 토지는 교통도 불편하고 편의시설도 부족해서 사람들이 선호하지 않는다. 그리고 어떤 지역은 자연경관이 수려하지만, 어떤 지역은 그렇지 않다. 결론적으로 말해서 이런 토지의 차이를 반영하는 것이 바로 지대인데, 이 지대는 미래에도 계속 발생할 것이고 지가는 이 미래 지대를 모두 합한 것이 되는 것이다.

그런데 '지대'는 본질적으로 '불로소득'이라는 특징을 가지고 있다. 자본의 가격은 그것을 생산한 자의 노력과 비용에 비례하지만, 토지의 가치가 생기고 높아지는 것은 토지소유자의 노력과 아무 관계가 없기 때문이다. 앞서 말했듯이 토지의 위치의 차이인 지대는 사회경제적 변화에 의해서, 도로, 학교, 공원, 관공서 등을 설치하는 정부의 노력에 의해서, 아니면 자연경관이 얼마나 수려한가의 정도에 따라서 결정된다. 즉 지대는 자본과 달리 외부 요인에 의해서 결정되는 것이고, 지가는 그 지대를 사유화하기 때문에 발생하는 것이다.

그러면 지가를 중심으로 토지가 자유롭게 매매되는 오늘날과 같은 상황에서는 토지 불로소득을 어떻게 정의할 수 있을까? 토지 불로소득은 토지를 보유하거나 매매함으로써 얻는 이익이라고 할 수 있는데, 그 크기는 토지소유자의 수입에서 비용을 뺀 금액과 같다. 이해를 쉽게 하기 위해서 자금을 빌려서 토지를 매입한 후 그 토지를 임대하고 있다가 일정 기간이 지난 후 매각하고 빌린 돈을 갚는 경우를 생각해 보자. 그러면 토지를 소유하고 있는 동안의 불로소득은 임대료 수입에서 빌린 자금에 대한 이자를 뺀 부분이고, 매각할 시에 불로소득은 매각지가에서 매입시가를 뺀 부분이 된다. 그러므로 토지 불로소득은 [(지대－매입지가에 대한 이자)＋(매각지가－매입지가)]라고 할 수 있다(김윤상 2009a, 214).

그런데 이런 토지가치의 특성을 간과한다면, 즉 자본과 토지를 '자본'으로 뭉뚱그린다면 지대가 불로소득이라는 특성은 사라진다. 또한 각자 노력한 것을 각자에게 준다는 정의의 원리도 적용하기 힘들어진다. 그리고 토지소유는 다른 사람의 소유를 제한할 수밖에 없기 때문에 소유 자체가 정의의 원리에 어긋난다고 할 수 있는데, 토지와 자본을 하나로 보면 이런 규범적 판단은 어렵게 된다.

셋째, 자본은 동질적(homogeneous)이지만 토지는 비동질적(heterogeneous)이다. 자동차인 자본은 서울에 있으나 강원도에 있으나 같지만, 서울의 토지와 강원도의 토지는 전혀 다르다. 그뿐 아니라 서울에서도 강북의 토지와 강남의 토지도 다르고, 강남에서도 방배동의 토지와 압구정동의 토지가 다르다. 그러면 모든 토지를 다르게 만드는 요인은 무엇일까? 그것은 '위치'다. 물론 위치가 다르더라도 토지를 이동시킬 수만 있다면 토지의 비동질성이라는 특성은 사라진다. 하지만 토지는 이동시킬 수 없다. 토지는 자동차처럼 이동이 불가능하다. 이러한 위치고정성 때문에 특정 용도, 예를 들어 도시용 토지의 양의 증감은 얼마든지 가능하지만, 농지를 도시용 토지로 변경한다고 하여도 기존의 도시용 토지와 농지가 변경된 도시용 토지는 완전히 다르다. 이런 특성 때문에 어떤 기업의 생산 활동에 자본을 한 단위 더 투입하는 것과 토지를 한 단위 더 투입하는 것은 다른 결과를 낳게 된다. 자본을 투입하는 것은 '수량'에 있어서만 한계투입물이지 '위치'에서는 한계투입물이 아니다. 그러나 토지를 투입하는 것은 '수량'뿐만 아니라 '위치'에 있어서도 한계투입물이 된다. 위치에서도 한계투입물이 된다는 것은 추가되는 토지를 기존 생산 활동에 통합시키는 데에 내부수송비용이 든다는 것을 뜻한다.

한편 이런 토지의 비동질성은 기본적으로 자본에 적용되는 수요공급이론을 적용하기 불가능하게 만든다. 수요공급이론을 적용하려면 공급되는 물자가 동질적이어야 한다. 다시 말해서 자동차에 대한 수요공급이론은 공급되는 자동차가 이전에 공급되는 자동차와 같다는 것이 전제되어 있다. 그러나 모든 토지는 다르기 때문에, 다시 말해서 추가로 공급되는 토지가 전혀 다르기 때문에 수요공급이론을 적용할 수 없다. 이런 이유로 토지의 가격은 수요공급에 의해서 결정되는 것이 아니라 공급이 고정되어 있기 때문에 수요에 의해서만 결정된다고 하여 이것을 '가격의 수요 결정성'이라고 부른다.

넷째, 자본의 용도는 정해져 있지만, 토지의 용도는 다양하다. 토지의 용도는 위치별로 최선의 용도가 존재하는데, 그 용도는 항상 같은 것이 아니라 시간의 경과에 따라 변화한다. 토지 자체는 변화하지 않지만, 토지의 사회경제적 위치는 바뀌기 때문에 최선의 용도가 바뀌게 되는 것이다. 농지였던 토지가 대지 또는 도로, 운동장과 같은 공공용지 등으로 변경되는 것이 하나의 예다. 그에 비해서 자본의 용도는 제한적이고 변경되지도 않는다.

이상에서 살펴보았듯이 토지는 자본과 구분되는 독특한 성질
이 있기 때문에 독자적인 생산수단으로 다루어져야 한다.

02

토지의 사회경제적 영향력

이렇게 토지와 자본이 다르다는 것을 알게 되면, 또한 지가 (land price)가 미래에 대한 전망에 의해 좌우된다는 것을 생각하면, 또한 토지가 자본과 달리 인간의 다양한 용도로 활용된다는 것을 알게 되면, 그리고 토지는 수요공급이 아니라 수요에 의해서 가격이 결정된다는 것을 알면 토지에서 발생하는 문제가 사회경제 전체에 엄청난 영향을 미친다는 것을 파악할 수 있게 된다. 아래에서는 토지가 사회 전체에 얼마나 광범위한 영향을 미치는지 중요한 것 중에 몇 가지만 검토해본다.

검토하기 전에 토지에 문제가 생겼다는 것이 무슨 뜻인지부터 살펴보자. 토지의 위와 같은 독특성 때문에 토지는 다양한 문제를 야기한다. 이용 측면에서 보자면 개별토지의 효율적 사용이 전체토지의 효율적 사용으로 연결되지 않아서 생기는 공간적 부조화 문제와, 토지사용결과를 쉽게 바꾸기 어려워서 생기는 시간적 부조화 문제가 있다(김윤상 2002, 136~148). 그리고 토지 불로소득을 노리는 토지투기 문제도 있다.

그러나 필자는 여러 가지 토지문제 중에서 토지 불로소득을 노리는 토지투기가 가장 크고 본질적인 문제라고 생각한다. 토지 불로소득이 존재하면 공간적 부조화 문제를 해결하기 위한 방안인 토지사용계획과 대단위 토지개발사업이 효과를 거두기가 대단히 힘들다. 또한 시간적 부조화 문제를 해결하는 가장 좋은 방법 중에 하나가 공공이 미래의 시간대별 토지사용계획을 공표하는 것인데, 토지 불로소득을 노리는 토지투기가 발생하면 이런 계획이 제대로 실행되기가 어렵다(김윤상 2002, 136~148). 이런 이유로 필자는 토지 불로소득을 노리는 토지투기가 토지문제의 핵심이라고 보고 그것이 초래한 문제를 살펴보고자 한다.

첫째, 토지투기는 인간의 기본권인 주거권을 위협한다. 토지투기가 일어나면 주택가격이 급등하게 되는데, 이렇게 되면 많은 사람들이 시장에서 벌어들이는 정상적인 소득으로는 집을 구입하기가 어려워진다. 결국 대다수의 사람들은 은행에서 엄청난 금액의 대출을 받아야 하거나, 전월세금을 올려주거나, 아니면 낙후된 곳으로 이주해야 한다. 앞의 두 가지 경우는 소득에서 주거비가 차지하는 비중이 커진다는 것이고, 뒤의 경우는 주거환경이 더욱 열악해진다는 것이다. 이렇듯 토지문제는 대다수 사람들의 주거권을 크게 위협한다.

둘째, 토지투기는 금융 불안정 내지 금융위기를 초래해 경제

전체를 마비시키기도 한다. 주지하듯이 토지에 투기 분위기가 조성되면 금융기관의 많은 자금들이 고용을 창출하고 GDP를 증가시키는 생산으로 흘러가기보다, 토지투기로 몰리게 된다. 그런데 문제는 이런 현상이 일어나면 지가가 더 상승하게 되고, 이것은 다시 더 많은 자금을 토지투기로 끌어들이는 악순환이 발생한다는 점이다. 토지가격이 계속 상승할 때는 금융기관도 대출자도 별로 걱정이 없다. 금융기관은 대출자가 원금을 상환하지 않으면 담보물을 회수하면 되고, 대출자는 원금을 상환하기 어려우면 팔아서 갚아 버리면 된다. 금융기관도 대출자도 손해를 보지 않는다. 하지만 시장 참여자들이 이제 더 오르기는 어렵겠다는 예상을 하게 되면, 즉 투기가 정점에 다다르게 되면 재앙이 닥쳐온다. 투기목적으로 토지를 소유한 사람들이 손해를 줄이기 위해 앞다퉈 토지를 시장에 내놓게 되는데, 이렇게 한꺼번에 물량이 쏟아지면 지가는 폭락하게 되고 결국 금융기관도 도산하게 되어 경제 전체가 마비된다.

이것의 가장 최근의 예가 미국의 서브프라임모기지 사태이다. 대부분의 학자들이 이 사태를 금융 시스템 자체에 무슨 문제가 있는 것처럼 이야기하지만, 사태의 본질은 토지거품의 생성과 붕괴(boom and bust)였다. 이름도 어려운 수많은 파생금융상품들이 토지거품이라는 모래위에 지어졌는데, 토지거품이 붕괴하자 위기가 초래된 것이다(이정전 2009a; 김윤상 2009b). 그뿐 아니라 1980년대 말에서 1990년대 초에 일어난 북유럽 복지국가들의 금융위기, 1980년대 말의 일본 금융기관의 연쇄도산은 바로 토지의 거품 붕괴가 원인이었다(전강수·한동근 2003). 이렇게 토지투기가 낳는 금융위기는 자유시장경제의 본고장이라고 할 수 있는 미국에서도 일어나고, 복지국가로 모두가 벤치마킹을 하고 싶어 하는 스웨덴에서도 일어나는 것이다.

셋째, 토지투기는 노사갈등을 격화시킨다. 앞서 말했듯이 토지투기가 일어나면 주택가격이 급등하기 때문에, 노동자들은 때로는 자신의 노동생산성을 넘어서는 과도한 임금인상을 요구하게 된다. 한편 기업 입장에서는 토지임대료나 필요한 토지 구입에 드는 비용이 늘어나기 때문에 노동자의 요구를 들어주기 더 어려워지게 되는데, 이렇게 되면 협상은 난항을 겪기 십상이고 어떤 경우에는 파업으로 치닫기도 한다. 한국은 토지투기가 기승을 부릴 때 노동쟁의 건수도 급등했다는 데에서 우리는 이것을 확인할 수 있다(손낙구 2008, 126). 요컨대 토지문제가 노사갈등의 중요한 원인이 된다는 것이다.

넷째, 토지투기는 빈부격차 심화에도 상당한 영향을 준다. 변창흠·안균오(2009)의 연구에 따르면 1998년 이후 한국에서 10년간(1998~2007) 발생한 토지 불로소득의 규모가 총 2,002조 원이었던 반면, 이를 조세 및 부담금을 통해 환수한 규모는 총 116조원, 그러니까 1,886조 원의 불로소득이 토지소유자에게 들어갔다. 물론 이 어마어마한 불로소득이 모두 현금으로 토지소유자의 주머니로 들어간 것은 아니다. 이미 들어간 돈도 있고 앞으로 생길 것도 있다. 그러나 한국의 토지소유불평등이 상당하다는 점으로 미뤄 보아 대부분의 토지 불로소득은 극소수의 토지소유자가 차지했고 앞으로 차지할 것이라는 사실은 자명하다고 하겠다. 그런데 토지 불로소득은 생산에 기여한 대가로 받은 소득이 아니라, 이미 만들어진 부(wealth) 중에서 가져간 것이므로 필연적으로 노력소득의 침해를 수반할 수밖에 없다. 다시 말해서 토지를 소유하지 못한 사람들의 노력소득이 토지소유자에게로 이전된 것인데, 바로 이런 이것이 빈부격차를 심화시키는 가장 큰 원인이 된다.

다섯째, 토지투기는 생산 활동도 제약한다. 생산 활동이 왕성하기 위해서는 기술력이 있고 창의력이 있는 기업은 시장에 쉽게 진출할 수 있어야 하고, 기술력이 떨어지거나 경영능력이 모자라는 기업은 쉽게 퇴출될 수 있어야 한다. 그래야 시장이 더욱 역동적이고 효율적인 모습을 띠게 되는데, 이것은 시장 진입과 퇴출의 장벽이 얼마나 낮으냐에 의해서 좌우된다. 그러나 토지투기가 일어나 지가가 엄청나게 부풀려져 있으면 좋은 아이디어가 있고 기술력이 있는 잠재적 기업들이 시장에 진입하기가 어려울 수밖에 없다. 토지를 사거나 빌리는 데 너무나 많은 돈이 들어가기 때문이다. 반면에 기술력이 없거나 경영능력이 떨어지는 기업인데도 토지를 많이 가지고 있으면 퇴출되지 않고 버티거나 토지 불로소득이라는 음식을 먹고 오히려 큰소리 치기도 한다. 결과적으로 토지 소유자들에 의해서 시장이 더욱 독점화되어 가는 것이다.

마지막으로 토지문제는 사회갈등의 주된 원인이 된다. 2009년에 벌어졌던 용산참사는 왜 일어났는가? 그 일은 재개발로 발생하는 토지 불로소득을 재산권자, 건설업자, 세입자 중 누가 많이 차지할 것인가를 두고 벌어진 비극이다. 물론 세입자에게 지나치게 불리한 현행 제도도 문제지만, 만약 토지 불로소득을 공적으로 환수한다면 이런 일이 일어나지 않을 수 있었다는 것을 생각하면 토지 불로소득을 노리는 토지투기가 사회갈등의 얼마나 큰 원인인지를 쉽게 이해할 수 있다.

이처럼 토지투기로 요약되는 토지문제는 주거 불안정, 금융 불안정, 노사관계 악화, 생산 활동 제약, 사회갈등에 엄청난 영향력을 행사한다. 이를 생각했을 때 헨리 조지의 다음과 같은 말은 정곡을 찌른 것이라 할 수 있다.

> 물질적 진보는 인간의 토지에 대한 의존성을 없애 주지 않는다. 물질적 진보는 토지에서 부를 생산하는 힘을 보태줄 뿐이다. 따라서 토지가 독점되면 물질적 진보가 극도로 이루어지더라도 임금이 오르지 않으며 노동밖에 가진 것이 없는 계층의 생활은 나아지지 않는다. 물질적 진보는 토지가치를 올리고 토지소유의 힘을 강하게 해줄 뿐이다(George 1997, 282).

PART 3
소유권원칙으로 본
패키지형 세제개혁

PART 2에서는 토지의 독특성과 중요성을 다뤘다. PART 3에서는 진보와 보수의 관점에서 도출된 토지소유권을 검토하고, 그것을 기반으로 해서 노동의 임금과 자본의 이자에 관한 소유권을 검토한다. 그런데 여기에서 다루는 토지소유권은 소유권의 3요소인 수익권, 이용권, 처분권 중 수익권만을 집중적으로 살펴보려고 한다. 왜냐하면 토지소유권 중에서 가장 중요한 것이 수익권이기 때문이다. 예를 들어 수익권이 개인에게 있으면 이용권과 처분권에 공적 개념을 적용하는 것이 가능하더라도 한계는 너무 분명하다. 그러나 수익권이 공공에게 있으면 이용권과 처분권이 공공에게 있든 개인에게 있든 크게 문제가 되지 않는다. 그리고 무엇보다 토지투기는 토지의 수익권, 즉 토지 불로소득을 사유화할 수 있는 권리 때문에 일어난다는 것을 생각하면 토지소유권에서 수익권이 가장 중요함을 알 수 있다. 그리고 이 책이 제시하는 해법은 결국 세제개혁인데, 세금이라는 것은 결국 소득을 환수하는 것이기 때문에 수익권 검토가 핵심이 될 수밖에 없다. 따라서 PART 3에서는 진보와 보수의 대표적인 소유권 사상가로 알려신 롤스와 노식을 선택하여 각각의 입장에서 어떤 토지소유권이 정당한 것인지를 도출하여 이 책이 제시하는 세제개혁의 정당성을 부여하려 한다.[1]

---

[1] 그런데 노직이 보수를 대표한다고 할 수는 있어도 진보에 대한 롤스의 대표성은 동의하기 어렵다고 할 수 있다. 롤스는 평등주의가 아닌 자유주의적 토대 위에서 자신의 논리를 전개하는 학자라는 것이다. 그럼에도 본 연구가 롤스를 진보의 대표적 사상가로 간주하는 이유는, 첫째 자유와 평등은 정의하기에 따라 상당히 다를 수 있는데, 롤스가 말하는

그리고 여기에서는 토지소유권을 기반으로 해서 노동의 임금
과 자본의 이자, 즉 노력소득에 대한 소유권에 대해서도 검토해
보려고 한다. <개혁>의 중심은 토지세 증세지만 소득세와 법
인세, 부가세 감면도 함께하기 때문에 노동의 임금과 자본과 자
본의 이자의 소유권도 검토할 필요가 있다.

자유는 개인의 자기소유권까지 부정하는 급진적(radical)인 면을 보이기 때문이고, 둘째,
다수가 동의하듯이 마르크스와 같은 사람을 진보의 대표자로 등장시켜 토지소유권을 다
루면 결론이 너무 뻔하기 때문이기도 하다. 생산수단의 사회화 목록에 토지는 당연히 포
함된다. 이런 이유로 필자는 자유주의적 전통에 속했다고 평가되는 사상가를 등장시켜서
논의를 진행하는 것이 보다 광범위한 동의를 얻어낼 수 있다고 본다.

01

공정성을 통해서 본 진보와 보수의 토지소유권 검토

여기에서는 롤스와 노직의 입장에서 본 공정한 토지소유권이 과연 무엇인지를 검토하는데, 재밌는 것은 진보와 보수를 대표하는 두 사람 모두 자신의 계약론을 공정성(fairness) 위에서 진행한다는 점이다. 아래에서는 롤스와 노직의 공정성 개념을 정리하고 그 개념 위에 토지를 올려놓으면 어떤 소유권이 도출되는지를 검토한다.

1) 롤스의 공정한 토지소유권

(1) 롤스의 공정성 개념 검토

롤스의 정의론은 공정성으로서의 정의(justice as fairness)라고 할 만큼 공정성을 이해하는 것이 핵심이라 할 수 있다. 그는, 정의는 발견의 대상도 아니고 그렇다고 종교적 신념도 아니며 '사회적 합의의 대상'이라고 주장한다. 이런 관점에서 보면 가장 중요한 것은 절차적 합리성, 즉 공정성이 될 수밖에 없다.

공정성을 어떻게 정의하느냐에 따라서 합의의 내용이 달라지기 때문이다. 흔히 롤스의 정의론을 가리켜 순수 절차주의적 정의관이라 부르는 이유가 바로 여기에 있다.

주지하다시피 롤스의 공정성의 핵심은 운의 중립화(neutralizing fortune)에 있다. 좀 더 구체적으로 말해서 롤스의 공정성은 하늘에서 내려준 만나(manna)와 같은 자연적 우연성과 사회적 우연성을 계약 상황에서 어떻게 배제시키느냐에 초점이 맞춰져 있다. 그는 "사람들을 불화하게 하고 그들의 사회적·자연적 여건을 그들 자신에게 유리하게 하도록 유혹하는 특수한 우연성의 결과들을 무효화시켜야 한다."(Rawls 2003, 195)고 할 정도로 운의 중립화를 중요하게 다루고 있다.

이를 위해서 그는 '무지의 베일(veil of ignorance)'이라는 독특한 장치를 도입하는데, 여기서 재밌는 것은 이 베일의 특징이다. 그가 고안한 무지의 베일은, 자기 자신의 신체적 특성, 부모의 지위, 재산의 정도, 지능, 자신의 합리적 인생 계획의 세부적인 목록을 알지 못하며, 심지어 모험을 싫어한다든가 비관적인가 낙관적인가 하는 심리적 특징을 가릴 정도로 두껍(thick)지만, "정치 현상이나 경제 이론의 원칙들을 이해하며 사회 조직의 기초와 인간 심리의 법칙들"(Rawls 2003, 196)을 계산할 수 있을 정도로 엷다(thin). 이렇게 롤스는 두껍고 엷은 베일을 쓴 개인을 '원초적 입장(original position) 속에 있는 개인'이라고 정의하고, 그 상태에서 모두가 동의할 수 있는 원칙을 도출할 수 있는 구상을 한다.

이런 원초적 입장에 있는 개인들은 무엇에 합의할까? 잘 알려져 있듯이 평등한 자유의 원칙과 차등의 원칙에 합의를 본다는 것이 롤스의 주장이다. 모든 사람에게 평등한 자유를 주되 경제적 불평등은 최소 수혜자에게 최대 이득이 될 수 있을 때에만 용인한다는 것이다. 역으로 말하면 경제적 불평등 용인이 최소 수혜자에게 최대 이득이 되지 않으면 인정할 수 없다는 것으로, 이것은 강력한 재분배의 논거가 된다. 롤스가 원초적 입장에 있는 개인들이 차등의 원칙에 동의할 것이라고 본 것은 모든 사람들이 자신이 최악의 상황에 처할 수도 있다고 가정하기 때문이다.

그러면 차등의 원칙을 적용해야 할 근거는 무엇일까? 더 거슬러 올라가서 계약 상황에서의 개인의 능력 배제를 무엇으로 정당화할 수 있을까? 이것은 인간의 능력이 공적 자산(common assets)이라고 보는 관점, 다른 식으로 표현하면 '자기소유권(self-ownership) 부정'의 관점이다. 롤스는 인간의 능력은 자신의 순수한 노력이 아니라 환경적 조건이나 유전적 특징 등이 좌우한다고 보기 때문에 자신이 가진 모든 것이 내 것이라는 주장은 정당하지 않다고 간주한다. 좀 더 쉽게 말해서 어떤 사람이 돈을 잘 번다는 것은 결국 재산 많고 능력 있는 좋은 부모를 만났기 때문이라는 것이다. 요컨대 무지의 베일은 바로 인간의 능력은 공유되어야 할 자산이라는 생각에 근거하고 있다.

그러나 공적 자산이란 개념은 일종의 직관이다. 한 사람의 능력이 형성되는 데에 있어서 개인의 순수한 노력과 그것과 무관한 운이 각각 얼마나 작용했는지를 식별해내는 것은 불가능하다. 그리고 개인의 노력과 무관한 운이 개인의 능력을 구성하는 중요한 요인이라 하더라도 그것을 왜 공적 자산이라고 보아야 하느냐는 비판도 가능하다. 아무튼 롤스는 인간의 능력을 공적 자산이라고 봐야 공정할 수 있다고 보았다. 요컨대 롤스의 공정성의 핵심은 단순히 계약의 과정에만 적용하는 것이 아니라 계약 참여자들의 상태까지 적용한 개념인 것이다.

(2) 공정한 토지소유권

전술했듯이 롤스의 공정성 개념은 개인이 가진 운을 중화시키는 것이 특징이다. 그러면 롤스의 공정성 개념 위에 개인의 능력이 아닌 인간에게 주어진 토지를 올려놓으면 어떤 결과가 도출될까?

롤스는 원초적 상황에서 무지의 베일을 쓴 개인들이 각종 경제 이론이나 인간 심리의 법칙들을 이해할 수 있는 사람이라고 가정했다. 그렇다면 계약 상황에 있는 사람들은 지대(land rent)가 불로소득이라는 것을 충분히 이해할 것이다. PART 2에서 다뤘듯이 토지의 위치 차이로 발생하는 지대는 개별토지소유자가 아니라 사회나 정부가 만들었다는 것을 안다는 것이다. 또한 지대(land rent)의 사유화를 용인하게 되면 지가(地價)가 생겨나고[2] 사회 구성원들 마음속에 투기 심리가 발동한다는 것도 충분히 예상할 수 있을 것이다. 또한 이런 토지투기는 생산을 제약하고 분배를 악화시키며 사회갈등을 유발한다는 것도 충분히 파악할 수 있다. 그리고 무엇보다 계약 상황에 있는 개인들은 자신들이 토지투기의 수혜자가 아니라 피해자가 될 수도 있다는 것을 충분히 예상할 수 있다.

그렇다면 이런 상황에서 계약 당사자들은 '토지가치공유'와 '토지가치사유' 중 어떤 원칙에 합의할까? 필자가 보기에는 토지가치공유에 합의할 것이라고 본다. 특별한 경우를 제외하곤 누구든지 중심지에서 살거나 경제활동을 하고 싶어 한다. 중심지에서 살면 교통도 편리하고 각종 문화적 혜택을 누릴 수 있으며 사업을 해도 더 많은 돈을 벌 수 있기 때문이다. 그런데 중심지가 주는 혜택을 정부가 환수하여 공유하면 중심지에 사는 사람이나 변두리에 사는 사람 모두 불만이 없게 된다. 불평의 원인이 중심지의 생산성이나 편리함을 토지사용자가 독식하는 것이었는데, 그 대가를 지불하기 때문이다. 이렇게 롤스의 공정성 개념 위에 토지를 올려놓게 되면 결국 계약 참여자들은

---

2) 앞서 말했듯이 지가는 '개인이 사유화할 수 있는 미래지대의 합'으로 정의되는데, 만약 지대를 100%를 환수하면, 즉 사유화할 수 있는 미래지대가 없다면 지가는 '0'이 된다.

'토지가치공유'라는 원칙에 서명할 것으로 볼 수 있는데, 이것이 바로 롤스 입장이라고 할 수 있다.

그러나 지금의 토지소유권은 롤스의 계약 상황에서 도출한 원칙인 '토지가치공유'와는 너무나 거리가 멀다. 오늘날의 토지소유권은 '토지가치사유'를 기반으로 형성된 제도로, 한마디로 말해서 부정의한 제도이다. 그렇다면 롤스는 지금의 토지소유권을 어떻게 개혁해야 한다고 말할까?

앞서 말했듯이 지대추구 행위인 토지투기는 토지 불로소득인 지대를 개인이 사유하기 때문에 발생한다. 따라서 지금의 토지 문제를 해결하는 데는 두 가지 방법이 있다. 하나는 방금 계약 상황에서 도출한 제도, 즉 지가(land price)를 '0'으로 만드는 지대 100% 환수 방법과, 또 다른 하나는 현재지가를 고정시키는 것으로서 이는 지대에서 현재지가의 이자를 초과하는 부분만 환수하는 방법인데, 흔히 앞의 것을 지대를 조세로 전액 환수한다는 뜻에서 '지대조세제'라고 부르고 후자를 지대와 현재 지가의 이자의 차액만을 환수한다는 뜻에서 '지대이자차액세제'라고 부른다.3) 전자의 방법을 적용하면 선의의 피해자가 생길

---

3) 토지가격은 항상 오른다고 하는 '토지신화'에 익숙한 우리에게 지가(地價)가 고정된다는 것이 쉽게 이해하기 어려울 수 있어 좀 더 자세히 설명해본다. 예를 들어, 매년 100만 원의 고정수익이 생기는 기계가 있다고 하고, 은행 이자율은 5%라고 가정하자. 그러면 이 기계의 가격은 얼마나 될까? 그것은 고정수익을 이자율로 나눈 결과에 의해 결정된다. 즉, 100만 원 ÷ 0.05 = 2,000만 원이 되는 것이다. 마찬가지 원리로, 지대와 현재 지가의 이자의 차액만을 환수하는 지대이자차액세제를 적용하는 토지도 고정수익만 발생하기 때문에 지가가 고정된다. 예컨대 어떤 토지의 가격이 1억 원이라고 하고, 이자율이 5%라고 하자. 그리고 그 토지가치인 지대가 2013년 480만 원, 2014년 500만 원, 2015년 520만

수 있고 후자의 방법은 지가가 고정되기 때문에 그런 문제가 생기지 않는데, 필자는 순수 절차적 정의관이라는 논리 전개의 철저함으로 미뤄 보아 지대조세제가 롤스의 논리에 가까울 것이라고 본다.[4]

한편 여기서 하나 흥미로운 점은 개인의 능력이 공적 자산이라는 주장은 증명이 불가능한 직관이기 때문에 논란의 여지가 충분히 있지만, 즉 광범위한 재분배는 논쟁의 대상이 될 수 있지만, 토지를 공적 자산이라고 보는 것은 자명하다는 사실이다. 토지는 누가 만들지 않았고, 모든 사람이 똑같이 필요하며, 사람의 신체와 독립된 어떤 것이기 때문이다. 물론 오늘날의 시각으로 보면 공적 자산이라는 것에 반대할 수 있지만, 적어도 순수 절차적 정의를 내세우는 롤스의 논리에서 토지는 공적 자산이고, 그것을 구현하기 위한 원칙은 '토지가치공유'이며, 그것의 제도적 형태는 지대조세제라는 결론을 자연스럽게 도출할 수 있다고 하겠다.

원, 2016년 540만 원…… 이렇게 계속 상승한다고 하자. 이런 상태에서 지대에서 지가의 이자부분만을 빼고 환수한다는 것은 토지가격 1억 원에 대한 이자인 500만 원을 넘는 부분만 세금으로 환수한다는 것이다. 즉, 2015년 20만 원(520-500) 환수, 2016년 40만 원(540-500) 환수……. 이렇게 하면 그 토지에서는 앞으로 계속 500만 원의 고정수익밖에 발생하지 않기 때문에, 결국 그 토지의 가격은 1억 원(500/0.05＝1억)으로 고정되는 것이다.

4) 물론 지대 100% 공유는 점진적 방식으로 해야 한다. 만약 지금 지대 100%를 환수하면 지가는 '0'이 되어 경제 전체가 충격에 빠질 수 있다.

2) 노직의 공정한 토지소유권

(1) 노직의 공정성 개념 검토

노직 역시도 계약론자이다. 노직은 재치 있고 탁월한 논증 방법을 통해서 무정부 상태인 아나키도 아니고 개인의 자유를 침해할 우려가 있는 복지국가도 아닌 개인의 자유를 최대한 보장할 수 있는 최소국가가 도출됨을 그의 책『自由主義의 정의론』(*Anarchy, state, and utopia*)에서 보여준다. 최소국가가 보호해야 할 자유의 영역 중에 가장 중요한 것은 당연 소유의 자유이다. 노직은 계약 상황에 있는 개인들이 최초 취득 과정에서 다른 사람에게 해를 주지 않았다면, 또한 취득한 소유물을 자발적으로 교환했다면 소유는 정당한 것이고, 만약 이 둘을 위배했을 시에는 시정하면 된다는 원칙, 즉 취득의 원칙(the principle of justice in acquisition), 이전의 원칙(the principle of justice in transfer), 교정의 원칙(the principle of rectification of violation of the first two principles)이라는 3원칙에 서명할 것이라고 주장한다. 노직은 이런 세 가지 정의의 원칙을 절차적 공정성에서 도출하고 있다.

그런데 같은 절차적 공정성을 통해서 정의의 원칙을 도출하는 롤스와 노직이 제시한 정의의 원칙이 다른 까닭은 무엇일까? 그것은 노직이 자기소유권의 절대적 옹호를 공정성의 핵심으로 삼은 반면, 롤스는 그것의 전면적 부정을 논거로 삼았기 때문이다. 자기소유권을 전제한다면 취득과 이전(transfer) 과정에서 타인에게 해가 되지 않으면 된다는 결론이 도출되지만, 자기소유권을 부정한다면 취득과 이전 과정에 개입할 수 있는 차등의 원칙이 도출될 수 있다.

물론 많은 사람들은 롤스의 논리에 동조할 가능성이 높다. 왜냐하면 조금만 생각해봐도 대다수의 사람들이 갖고 있는 능력이 개인의 순수한 노력보다는 타고난 운에 의해 좌우되는 면이 크기 때문이다. 그러나 노직은, 개인의 타고난 환경과 기질과 능력 등은 하늘에서 떨어진 만나와 같이 자의적이고 임의적이기 때문에 도덕적 정당성을 가지기 어렵다는 롤스의 주장에 대해서 다음과 같이 무시하기 어려운 반론을 제기한다.

> 만약 자의적인 것으로부터 도덕적 중요성을 지닌 어떤 것도 나올 수가 없다고 하면, 각 개인의 존재도 도덕적 중요성을 지닌 것일 수 없다. 왜냐면 많은 정자 가운데 어느 것이 난자와 수정하는 데 성공하느냐는, 도덕적인 관점에서 자의적이기 때문이다(Nozick 1991, 336).

주지하듯이 롤스의 공정성이 노직의 그것 보다 엄밀하고 철저하다고 할 수 있는데, 이것은 칸트에게서 영향을 받은 것이다. 롤스는 인간의 의지가 그 의지를 넘어서는 특수한 조건들 속에서 추구된다면 그 결과는 항상 타율적일 수밖에 없다고 보는 칸트의 자율성 개념을 수용한다(홍성우 1991, 132). 이런 관점에서 보면 인간이 자신의 순수한 노력과 관계없는 타고난 운에 기반해서 행동한다는 것은 타율적 존재가 되는 것이다. 이런 이유로 롤스는 타율적 인자들이 계약 상황에 영향을 주지 못하도록 하기 위해 무지의 베일이라는 장치를 도입한 것이다. 그러나 문제는 이 자율성 개념이 아무리 논리적 완결성을 지니고 있다 하더라도 논증 불가능한 직관에 의존한다는 점이다. 사정이 이렇다면 우리는 노직의 논리 속으로 들어가서 논의를 전개할 수밖에 없다.

노직에게 있어서 가장 중요한 것은 최초 취득(initial acquisition) 과정이다. 그것이 정당하지 못하면 교정의 원칙에 회부되어야 하기 때문이다. 그래서 그는 자신의 사상적 계보의 꼭대기에 있는 로크의 소유권 이론을 검토한다. 로크는 최초 취득이 정당하려면 만족시켜야 할 두 가지 단서, 즉 충분단서와 부패단서를 제시했는데, 그중 하나가 '충분단서(sufficiency proviso)'이다. 이것은 공유물인 자연을 자신의 소유물로 하려면 다른 사람에게도 충분히 좋은 것이 남아 있어야 한다(at least where there is enough, and as good left in common for others)는 주장이다.

하지만 노직은 로크의 충분단서를 엄격하게 적용하면 사적 소유권이 성립하기 어렵다고 보고, 보다 약화된 조건(a weaker requirement)을 제시한다. 그가 수정한 충분단서는 "타인의 입장을 악화시키지 않는 것"(Nozick 1991, 272)인데, 만약 "어떤 사람의 사유화가 이 단서를 위반하는 것이었다 할지라도 타인의 입장이 악화되지 않도록 배상한다면 그의 사유화는 허용된다.”
고 하였다. 그리고 “그가 이 타인들에게 배상하지 않는다면, 그
의 사유화는 취득에 관한 정의원리의 단서를 위반하는 것이자
부정하는 것이 될 것”이라는 점도 덧붙였다(Nozick 1991, 273).
그렇다면 다른 사람의 상황을 악화시킨다는 것은 무슨 뜻인가?
그것을 어떻게 검증할 수 있을까? 그런데 이 부분에서 노직은
사적 소유권이 효율적이라고 단정하고 만다(Nozick 1991, 291).
개인의 사적 소유권을 존중하면 효율이 극대화되어서 결국 사
적 소유에서 배제된 수많은 사람들의 상황이 개선될 수 있다고
보는 것이다.

아무튼 롤스와 달리 노직의 공정성 개념은 개인이 처한 상황
의 차이를 당연한 것으로 받아들인 상태에서 계약에 참여한다
는 것이 핵심이다. 요컨대 계약을 하는 데 있어서 다른 사람에
게 해만 주지 않으면 공정하다고 보는 것이다.

⑵ 공정한 토지소유권

이제 노직의 공정성 개념 위에 토지를 올려보자. 방금 말했듯
이 노직에게 있어서 세 가지 소유 원칙 중 가장 중요한 것은
‘취득의 원리’이다. 그러므로 노직의 논리에서 중요한 것은, ‘자
연의 하사품인 토지를 소유하는 데 있어서 다른 사람의 삶을
악화시키지 않는 가장 좋은 방법이 무엇인가’이다.

명시적으로 언급하지 않았지만 노직이 당연시한 원칙은 수익권을 개인에게 두는 '토지가치사유'라고 본 것으로 간주할 수 있다. 그는 최초 취득을 논의하는 곳에서 "생산수단을 가장 효율적으로(유일하게) 사용할 수 있는 사람의 수중에 생산수단이 있게 함으로써 사회적 생산물을 증대시킨다."(Nozick 1991, 271)고 했는데, 여기에서 우리는 그가, 토지를 사유화해야 토지가 가장 효율적으로 이용되고 그럼으로써 토지소유에서 배제된 사람들의 상황도 개선될 수 있다고 생각했다는 것을 유추할 수 있게 된다.

그런데 좀 더 자세히 따져보면 토지가치공유가 노직의 공정성 개념에 더 적합한 것임을 알 수 있다. 주지하듯이 토지를 최초 취득한 사람과 토지를 소유하지 못한 사람 간에는 같은 노력을 투입해도 소득에 있어서 분명한 차이가 날 수밖에 없다. 토지가 없는 사람은 결국 토지 소유자에게 임대료인 지대를 지불해야 하기 때문이다. 그뿐 아니라 토지를 취득한 사람 간에도 차이가 난다. 왜냐하면 PART 2에서 검토했듯이 모든 토지의 생산성은 위치에 따라 차이가 나기 때문이다. 다시 말해서 토지를 소유했다 하더라도 한 사람은 생산성이 높은 토지를 다른 사람은 생산성이 낮은 토지를 소유할 수밖에 없는데, 이렇게 되면 같은 노력을 해도 결과에서는 차이가 난다는 것이다. 그런데 토지의 지대를 환수하여 공유하면 토지를 취득한 사람과 소유하지 못한 사람 간의 차이, 우등한 토지를 소유한 사람과 열등한 토지를 소유한 사람 간의 차이는 사라진다. 그럼에도 차이가 난다면 그것은 개인의 노력의 차이임으로 이것은 노직에게 있어서 문제가 되지 않는다.

이것에 대해서 우등한 토지를 소유한 자와 열등한 토지를 소유한 자 간의 차이와 토지를 소유한 자와 그렇지 못한 자 간의 차이가 생긴다고 해도, 토지 불로소득인 지대를 사유화해야 그나마 후자의 삶이 좋아진다는 반론을 제기할 수 있다. 즉, 토지가치공유보다 토지가치사유가 토지의 효율적 이용을 촉진하여 생산성이 떨어지는 토지를 소유한 사람이나 토지를 아예 소유하지 못한 사람들의 상태를 더 양호하게 할 수 있다고 주장하는 것이어서 과연 그런지 검토할 필요가 있다.

토지라는 자원이 효율적으로 배분된다는 것은 토지가 시장에 의해 가장 효율적으로 이용할 사람이 소유된다는 것을 의미한다. 즉, 자원배분이 효율적이기 위해서는 "소유자 = 효율적 사용자"라는 등식이 성립해야 한다. 그런데 토지 불로소득을 사유화하면 이 등식이 성립하지 않을 가능성이 높아진다. 시간의 경과에 따라 감가(減價)되는 일반물자의 경우에는 효율적 사용자가 아니면 손해가 되므로 소유하지 않으려고 하지만, 토지처럼 가격이 오르는 경우에는, 즉 토지 불로소득이 예상되면 사적인 차원에서 이익이 되므로 효율적 사용자가 아니더라도 소유하려고 한다. 살지도 않을 집을 소유하는 이유, 농사도 짓지 않는데 강원도 평창이나 강화도에 땅을 소유하는 까닭이 바로 여기에 있다. 그뿐 아니라 토지 불로소득의 용인은 토지 자체를 놀리거나 비효율적으로 사용하는 것을 유인하기까지 한다. 그것이 토지 불로소득을 훨씬 쉽고 빠르게 누릴 수도 있기 때문이다.

반면에 토지 불로소득을 환수하면, 즉 토지가치를 공유하면 토지가 효율적으로 배분된다. 토지 불로소득이 생기지 않는데 사용하지 않을 토지를 소유할 사람은 없다. 일반물자처럼 토지를 이용할 의사가 없으면 토지를 처분한다. 그리고 토지 소유자는 그 가치에 맞게 효율적으로 사용하기 위해서 애쓰게 된다. 요컨대, 토지가치공유가 토지의 효율적 배분을 가능하게 한다는 것이다.

그런데 이에 대해서 혹자는 토지의 지대를 향유하지 못하면, 즉 토지 불로소득을 누리지 못하면 누가 토지를 가지려고 하겠느냐, 즉 아무도 토지를 소유하지 않으려고 할 것이라고 반론을 제기할지도 모른다. 예를 들어서 일반물자인 대패의 경우에는 대패가 제공하는 생산성을 향유하지 못하면 대패를 소유하려고 하지 않듯이 토지의 생산성인 지대를 누리지 못하면 토지를 아무도 소유하려 들지 않아 문제가 생긴다는 것이다. 그러나 역설적이게도 토지의 경우에는 생산성을 뜻하는 지대 사유화의 가능성을 차단해야 토지를 가장 효율적으로 이용하게 된다. 왜 그럴까? 인간은 토지가 없이는 어떤 활동도 할 수 없기 때문이다. 토지 위에서 활동하는 인간은 사회가 만든 토지의 생산성을 향유하지 못하면, 토지는 꼭 필요한 만큼만 소유하게 되고 소유한 토지는 알뜰하게 사용된다. 대패는 대패가 주는 이익이 있어야 소유자가 효율적으로 사용하나, 토지는 소유 자체가 주는 이익, 즉 불로소득이 없어야 소유자가 효율적으로 이용하게 되는 것이다.

결론적으로 롤스와 마찬가지로 토지가치사유보다 토지가치공유가 노직의 공정성 개념에 더 잘 부합하는 원칙이다. 더구나 토지는 노직이 비판한 '공적 자산'의 대상에 포함되지 않기 때문에, 또 토지의 지대는 토지소유자가 아닌 사회가 창출해낸 가치이기 때문에 노직이 토지가치공유에 찬성할 이유는 더욱 분명하다고 하겠다.

그러면 노직의 입장에서 지금의 토지소유권은 어떻게 바뀌어야 할까? 다시 말해서 지대를 100% 환수하는 지대조세제와 지금의 토지가격을 고정시키는 지대이자자액세제 중에 어떤 제도로 가야 한다고 생각할까? 앞서 말했듯이 롤스는 지대조세제에 동의할 것이라고 볼 수 있으나, 노직도 그렇다고 보긴 어렵다. 왜냐하면 이미 사유화가 엄청나게 진행된 상태에서 지대를 100% 환수하면 지가가 '0'이 되는데, 이렇게 되면 지금의 제도가 계속될 것이라고 가정한 상태에서 토지를 매입한 사람들은 피해를 보기 때문이다. 필자는 노직이 지대에서 현재지가의 이자를 초과하는 부분만 환수하는 지대이자차액세제에 동의할 것이라고 본다. 다시 말해서 그는 과거의 불의를 전면적으로 시정하는 방식보다 앞으로의 문제를 예방하는 데에 관심을 둘 가능성이 크다는 것이다. 이것은 미국의 원주민들의 토지권리 주장에 대해서 부정적으로 답하는 그의 모습에서 어느 정도 유추할 수 있다(Lyons 1982).

요컨대 노직의 공정성 개념에 토지를 넣어 보면 현재와 같은 토지가치사유가 아니라 '토지가치공유'라는 원칙이 도출되고, 제도의 구체적인 형태는 지대에서 현재지가의 이자를 제외한 부분을 환수하는 지대이자차액세제가 도출된다고 할 수 있다.

3) '토지가치공유'는 상식

위 논의를 통해서 우리가 얻을 수 있는 매우 흥미로운 결론은 진보와 보수, 즉 어떤 사상을 통해서 보더라도 '토지가치공유'라는 원칙이 자연스럽게 도출된다는 점이다. 왜냐하면 아무리 개인의 자유를 극대화하는 사상이라고 할지라도 타인의 자유를 해하는 것을 합리화할 자유를 보장할 수 없기 때문이다. 만약 다른 사람의 자유를 해할 수 있는 권한이 있다면 그것은 특권이요, 반칙이다. 그런데 토지는 한 사람의 소유는 타인의 손해를 수반할 수밖에 없는 까닭에 특별한 원칙이 필요하고, 그것은 토지가치공유로 수렴될 수밖에 없다. 요컨대, 토지가치공유는 이념이 아니라 상식에 속한다는 것이다. 물론 아래의 표와 같이 오늘날에 그것을 구현하는 방법에 있어서 급진적 구현 방식과 현실을 감안한 방식에 차이가 있을 뿐이다.

<표 3-1> 진보와 보수의 공정한 토지소유권

이념 구분	토지소유권의 원칙	구체적인 제도 형태
진보	토지가치공유	지대조세제
보수	토지가치공유	지대이자차액세제

지금까지의 소유권 논의는 모든 것을 함께 뭉뚱그려서 진행해왔는데, 앞서 이야기했듯이 그것은 한계가 있다. 토지가치인 지대는 불로소득이 명확한 것이고, 아래서 다룰 노동의 임금과 자본의 이자는 노력소득인데, 이것을 함께 다루는 것은 문제가 있다. 하지만 분리해서 다루면 소유권을 둘러싼 논쟁도 수렴점이 생길 수 있게 된다.

02

임금에 관한 소유권 검토

노동한 사람이 노동의 산물인 임금을 소유해야 한다는 명제는 토지소유권에서 검토했던 것처럼 다른 사람의 권리를 침해하지 않기 때문에 자연스럽게 인정될 것 같지만 여기에도 상당한 이견이 존재한다. 앞에서 다뤘듯이 자기소유권을 인정하는 노직은 당연히 사유를 인정하겠지만, 자기소유권을 부정하는 롤스의 입장에서는 상당한 재분배를 주장할 수 있다. 하지만 필자는 '토지가치공유'라는 기반 위에서 검토해보면 임금에 대한 소유권은 롤스와 노직의 간극은 좁혀질 수 있다고 생각한다.

앞서 말했듯이 임금을 사유하는 것에 대해서 롤스가 문제 삼은 것은 '노동 능력이 노동하는 사람의 것이라고 할 수 있는 근거가 무엇이냐'에 관한 것이었다. 개인의 능력이 순수한 노력의 결과가 아니라 우연적 산물이기 때문에 '능력' 혹은 '공적(desert)'에 의한 분배가 정당하지 못하다고 주장하였다. 이런 관점에서 그는 개인의 능력을 공적 자산이라고 보아야 한다고 했고, 평등한 자유와 차등의 원칙에 맞게 노력소득을 분배해야 한다고 주장했다. 여기서 '차등의 원칙'이란 인간의 자유는 '차이'를 바탕으로 하고 있고 '차이'는 필연적으로 '불평등'을 수반할 수밖에 없는데, '차이'라는 것은 따지고 보면 도덕적으로 임의적 요인에 의한 것임으로 어떤 식으로든지 보상해야 한다는 것을 담보하기 위한 원칙이다. PART 3 01에서 언급했듯이 임의적 요인에 의한 불평등, 예컨대 선천적으로 좋은 능력을 타고났다든가, 혹은 좋은 가정에서 태어난 사람의 노력의 산물에 대한 사유는, 불리하게 조건 지워진 최소수혜자(the least advantaged group)들의 이익을 극대화시킬 수 있을 때에만 정당화될 수 있다는 것이다.

그러나 뒤에서 다루겠지만, 토지가치가 공유되면 빈부격차와 실업문제가 상당히 완화되고, 실질임금이 향상되기 때문에 롤스의 제1분배원칙인 '평등한 자유'의 내용이 실질적으로 제고될 수 있고, 제2원칙에서 고려해야 하는 '최소수혜자'의 수가 크게 줄어든다. 요컨대 토지를 소유권 논의의 기반으로 삼게 되면 임금은 진보와 보수의 간극을 좁힐 수가 있다.

한편 시장에서 설정되는 임금이 개인의 기여를 정확하게 반영하는 것이 아니라 권력(power)을 반영하는 까닭에 그것을 시정하기 위해서라도 임금에 대한 재분배가 필요하다고 주장할 수 있다. 다시 말해서 CEO의 임금이 일반 노동자의 임금에 수백 배가 넘는 경우가 많은데, 생산에 있어서 CEO가 기여한 것이 일반 노동자의 수백 배가 넘는 것인지, 아니면 CEO가 가진 힘이 일반 노동자의 수백 배인지에 대한 의문이 들고, 경험적으로 보면 후자가 맞다는 것이다(Médaille 2009, 449). 이런 것을 보면 임금 사유(私有)을 인정하더라도 고소득자가 권력을 통해서 얻어낸 이익은 세금으로 환수해 재분배를 해야 한다고 할 수 있다.

그러나 이것에 대해서도 '토지가치공유'를 기반으로 해서 생각하면 재분배의 여지가 크게 줄어든다. 왜냐하면 토지가치를 공유하게 되면, 즉 토지가 생산에 개방되면 노동에 대한 수요가 급증해서 임금이 크게 오를 수밖에 없고, 이렇게 되면 일반 노동자의 힘과 CEO의 힘이 대등해져서 양자 간에는 그야말로 '자유로운 협상(free bargain)'이 가능할 수 있기 때문이다. 노동자가 진정 자유롭기 위해서는 한 직장에 나와도 다른 직장에 들어갈 수 있을 때에라야 가능한데, 토지가치공유가 그것을 가능하게 해준다는 것이다. 그러므로 토지가치공유 하에서는 특별한 경우를 제외하고 자기가 기여한 만큼 받지 못하는 경우는 매우 드물 뿐만 아니라, 또한 일반 노동자에 비해 CEO가 엄청난 임금을 받는 일도 줄어들 것이다.

노동의 임금에 대한 소유권을 요약해보면 다음과 같다. 모든 인적 노력에 대한 소득인 임금에 대한 소유권은 기본적으로 '사유'가 올바른 방향이다. 하지만, 개인의 능력이라는 것이 롤스가 말하듯 도덕적으로 임의적인 면이 분명히 있는 까닭에, 즉, 개인의 능력의 높고 낮음이라는 것이 유전적 요인이나 환경적 요인에 크게 영향받기 때문에 재분배의 여지는 충분히 있다고 하겠다. 그리고 특히 사회가 요구하는 특출한 능력을 지닌 자가 벌어들이는 고소득에 대해서는 그의 의욕을 꺾지 않는 범위 내에서 재분배하는 것이 맞다고 할 수 있다. 요컨대, 토지를 소유권 논의의 기반으로 삼게 되면, 즉 토지가치공유라는 토대 위에서 노동의 임금에 관한 소유권을 검토해보면 재분배에 대한 필요성은 줄어들지만 그래도 재분배의 당위성은 충분하다고 하겠다.

03

자본과 이자에 관한 소유권 검토

자본과 자본의 이자도 기본적으로 노력의 산물이므로 노동의 임금과 같은 결론을 내릴 수 있다고 할 수 있지만, 여기에는 강력한 반론이 존재한다. 자본이라는 것 자체가 수탈과 착취의 산물이고 자본 사용의 대가인 이자도 노동이 만들어낸 것을 합법적으로 착취한 것에 불과하다는 마르크스의 주장이 있기 때문이다. 주지하다시피 마르크스는 시장경제에서 이자란 부불(不佛)노동인 잉여노동을 통해서 뽑아낸 것, 다른 말로 하면 노동자가 생산해낸 것을 가로챈 것이라고 주장하는데, 이것이 바로 마르크스가 말하는 잉여가치론이다. 이런 입장에서 서게 되면 자본 자체는 물론이거니와 자본의 이자도 재분배의 여지가 충분하다고 하겠다.

하지만 필자는 아래에서 마르크스의 잉여가치론은 증명이 불가능한 전제 위에 세워졌고, 오히려 잉여가치론을 받아들이지 않는 것이, 즉 자본과 자본의 이자의 사유(私有)를 인정하는 것이 자연스럽고 잉여가치론의 상황적 근거인 산업예비군은 토지의 사유화가 낳은 결과라는 것을 논증하여 노동의 임금과 같은 결론을 내리려고 한다.

1) 잉여가치론의 난점[5]

일찍이 엥겔스는 마르크스의 사상 중 노동에 대한 자본의 착취를 설명해주는 잉여가치론이 마르크스의 학문적 공헌 중 가장 큰 것이라고 할 정도로 그 중요성을 강조한 바 있다. 적어도 그의 눈에 비친 잉여가치론은 "그동안 모호했던 자본주의 사회를 대낮같이 밝혀 주는 논리"였다(Engels 2001, 507). 잉여가치론을 통해서 자본에 의한 노동착취가 과학적으로 입증되었을 뿐만 아니라, 자본주의에서 나타나는 노동과 자본의 적대적 모순의 심화 과정과 그것의 종착역이 수미일관되게 증명된 것이다. 그도 그럴 것이 마르크스의 이론을 자세히 들여다보면 '이윤율저하경향의 법칙', '필요노동/잉여노동', '사회적 필요노동' 등과 같은 핵심 개념은 모두 잉여가치론을 향하고 있음을 알 수 있다.

이러한 잉여가치론은 두 가지 '전제'에 의해서 떠받쳐지고 있다. 오직 현재의 노동만이 가치를 창조한다는 '노동가치론'과, 임금은 항상 생존비, 즉 노동력의 재생산비에 머무른다는

---

5) 이 부분은 남기업(2007, 112~129; 2012, 202~210)을 수정·보완했다.

‘생존비임금론’이 그것이다. 노동가치론이 잉여가치론을 위한 대전제라면, 생존비임금론은 노동가치론을 임금 결정에까지 적용하여 잉여가치의 소재를 밝히는 역할을 한다. 다시 말해, 잉여가치론은 생존비임금론을 통해서 세상에 나타나지만, 그 과정 역시 노동가치론을 통하지 않고서는 도출될 수 없는 것이다.

그러나 류동민(1995, 287)이 말하듯 마르크스 잉여가치론의 난점은 “노동가치론 자체가 논리적으로 증명되거나 반증될 수 없는 증명 불가능한 공준(postulate)의 영역”에 속한다는 것에 있다. ‘가치의 실체는 노동이며 상품과 자본의 가치는 노동시간으로 측정된다’는 전제를 수용하면, 자본은 가치를 생산하는 것이 아니라 이전할 뿐이며 자본과 그의 요소소득인 이자(이윤)가 ‘노동착취의 결과’라는 결론은 이미 예상되어 있는 것이나 다름없다. 이런 이유로 로머(Romer)는 잉여가치론은 “설명이 아니라 동어반복에 불과하다.”고 하였다.[6] 즉, ‘현재의 노동만이 가치를 창조한다.’는 명제와 ‘잉여가치의 원천은 잉여노동’이라는 명제는 증명이 아니라 선언이라는 것이다(강신욱 1998, 42).

지금까지 마르크스에 대한 주된 비판은 주로 노동가치를 상대가격으로 전형하는 일의 난점 혹은 불가능성에 관한 것, 즉 ‘전형 문제’(transformation problem)에 집중되어 왔다. 하지만 필자는 마르크스 잉여가치론의 본질적인 문제는 그의 용어로 말

---

6) 노동가치론의 이런 특성 때문에 로빈슨(Robinson, Joan) 여사는 마르크스의 노동가치론은 “헤겔적인 잠꼬대”라고 비판하였다(Meek 1985, 288에서 재인용).

하면 불변자본이 가변자본에 대해 가지는 우위성을 전혀 인정하지 않는 것이라고 본다. 마르크스에 따르면 불변자본인 기계를 만드는 데 50시간이 들고 이 기계를 50시간 사용해서 어떤 상품을 만들었다면 그 상품의 가치는 100시간이 된다. 그러나 이런 설명은 왜 사람들은 계속 맨손으로 생산하지 않고 기계를 만들어 생산하는지를 설명하지 못한다. 사람들이 우회생산을 하는 이유는 맨손으로 100시간 일하는 것보다 더 많은 생산을 가져다주기 때문이다. 한마디로 말해서 죽은 노동 50시간은 산 노동 50시간보다 더 가치가 있는데, 마르크스는 죽은 노동의 가치는 새로운 상품에 그대로 이전될 뿐이라고 주장한다.[7] 하지만 이런 주장은 현실 설명력이 약하다. 기계를 사용하면 더 많은 생산을 할 수 있고 더 많은 생산의 일정 부분은 기계 소유자인 자본가에게 돌아가는 것이 누가 봐도 자연스럽다. 예를 들어 A가 B에게 대패를 빌려서 널빤지를 만들었다면, B는 나중에 A에게 새 대패와 최소한 널빤지 한 장을 이자로 주어야 하고 그렇게 하는 것이 당연하고 자연스럽다는 것이다.

이런 주상에 대해서 마르크스 잉여가치론을 옹호하는 자들은

---

7) 노동가치론의 이런 모습은 다음의 정운영(1993, 148)의 설명에 그대로 녹아 있다.
"예를 들어 1시간에 2장의 벽돌을 만드는 사람이 10시간을 투입해서 기계를 제조해 낸다면, 그 기계는 적어도 20장 이상의 벽돌을 생산하는 노동을 제공할 수 있어야 한다. 그러나 10시간의 노동을 체현하고 있는 기계가 50시간 동안 작동하는 경우에도 이 기계의 가치는 여전히 10시간이기 때문에 1시간의 기계노동은 12분만큼의 인간노동을 새로운 상품으로 이전하는 셈이다. 그러므로 기계는 기계에 체현된 인간노동을 상품에 이전할 뿐이지 그 이상의 새로운 노동을 생산하지는 못한다."

자본주의 생산양식에서 노동자는 자기 몸뚱이 하나밖에 가진 것 없고 모든 생산수단은 자본가가 소유하고 있기 때문에 실제 생산과정은 그렇게 단순하지 않다고 반박할 것이다. 실제로는 대패와 공장을 가진 자본가가 노동을 고용하여 널빤지를 만들고 노동자들은 겨우 생존비에 가까운 임금-실제로는 널빤지를 받는 것과 마찬가지이다.-을 받는다고 할 것이다. 그러나 그렇다고 해서 대패를 사용하면 생산량이 크게 늘어난다는 사실 자체는 변하지 않는다.

그런데 마르크스 당시에도 그랬지만, 오늘날에도 그의 잉여가치론이 많은 사람들에게 설득력을 가지는 이유는 무엇일까? 그것은 마르크스 당시는 두말할 필요가 없고 현재도 노동자가 자신이 노동한 대가를 충분히 받는다고 보기 어렵기 때문이다. 이 말을 다른 식으로 표현하면 마르크스의 잉여가치론에 대한 광범위한 동의는 그 이론이 과학적이고 빈틈없는 논리여서라기보다는 착취의 '상황적 근거'가 있기 때문이라는 것이다. 여기서 말하는 상황적 근거란 실업자를 의미하는 산업예비군(industrial reserve army)과 그로 인한 저임금이다.

그러므로 오늘날 신고전주의 경제학이 말하듯이 임금이 노동의 한계생산에 의해서 결정된다는 것, 다시 말해서 임금은 노동자 자신이 생산한 전부라는 주장은 설득력이 약하다. 노동이 자신이 생산한 전부를 가져가려면 앞서 잠깐 언급했듯이 '최소한'

자본과 노동의 힘이 대칭적이어야 한다. 그러나 누가 봐도 노동은 자본에 비해서 열세에 있다. 자본에 비해서 노동의 힘이 약한 것은, 그리고 자신이 노동한 대가의 상당부분을 받지 못해서 임금이 생존비에 머무는 이유는 '산업예비군'이 상존하기 때문이다. 한마디로 말해서 노동자들이 실업의 공포에 떨고 있는 것을 보면서 노동자의 임금은 노동자가 생산한 전부라고 하는 것은 이데올로기적 주장일 뿐이다.

그러므로 마르크스의 잉여가치론을 새로운 관점에서 보기 위해서는 어찌해서 임금이 생존비에 머물고 산업예비군이 상존하는지를 마르크스와 다른 입장에서 밝혀내야 하는데, 필자는 이것의 실마리를 앞에서 다룬 토지가치공유의 사상을 가장 강력하게 주장하는 헨리 조지가 제공해준다고 본다.

2) 헨리 조지 시각에서 본 산업예비군의 원인

마르크스와 조지는 만난 적은 없지만, 서로에게는 비판적이었다. 조지는 마르크스가, 출생과 가격의 움직임이 전혀 다른 토지와 자본을 생산수단이라는 범주 안에 포함시킨 것을 지적하면서 "멍청이 나라의 왕자(the Prince of muddleheads)"라고 비판했고(Harrison 1979, 196), 마르크스는 조지를 "잉여가치의 본질에 대해서 전혀 이해가 없는 사람"이라고 맞받아쳤다(Marx 1881).

하지만 마르크스는, 아래에서 보는 것처럼 토지는 사유의 대
상이 될 수 없고 지주가 가져가는 지대 자체도 불로소득이라는
것에 대해서 조지[8]와 입장을 같이하였다.

> 나는 토지의 사적 소유의 옹호자들－법학자들, 철학자들, 정치 경제학
> 자들－이 내놓는 모든 논거들을 여기에서 논할 생각은 없으며, 그들이
> "자연권"이라는 외투 아래 정복이라는 본원적 사실을 은폐하려고 꽤
> 애써 왔다는 점을 언급하는 데 우선 한정코자 한다. 정복이 소수의 편
> 에 자연권을 구성한다면, 다수는 자신들이 빼앗긴 것을 재정복할 자연
> 권을 획득하기 위해 충분한 힘을 모으기만 하면 된다. 역사가 진행되는
> 가운데 정복자들은 그들 자신이 강제한 법률을 수단으로 하여, 야만적
> 인 힘에서 유래하는 자신들의 본원적 권원에다가 일종의 사회적 비준
> 을 부여하는 것이 편리하다는 것을 발견했다. 마지막으로 철학자가 와
> 서는, 그 법률들이 사회의 보편적 합의를 의미하고 표현한다고 설명한
> 다. 만약 토지의 사적 소유가 정말로 그러한 보편적 합의에 기초하고
> 있다면, 그것은 사회의 다수자가 그것을 인가하는 것을 따르지 않는 순
> 간부터 사라질 것이 분명하다(Marx 2002, 153).

> 토지소유의 경제적 실현[또는 지대의 발달]에서 나타나는 독특한 특수
> 성은, 지대액이 결코 지대수취자의 행동에 의하여 결정되는 것이 아니
> 라 [그와는 무관하며 그는 어떤 역할도 하지 않는] 사회적 노동의 발
> 전에 의하여 결정된다는 점이다(Marx 1990, 786～787).

---

8) 조지는 토지의 사적 소유가 부당하다는 것과 지대가 불로소득이라는 점을 다음과 같이
　지적했다.
　　"역사적으로나 윤리적으로나 토지사유제는 강탈에 의해 생겼다. 토지사유제가 계약에 의
　해 생긴 경우는 없고 정의와 능률을 고려하여 생긴 경우도 없다. 어느 곳에서나 전쟁과
　정복 또는 교활한 자들이 미신과 법률이라는 수단을 이기적으로 사용함으로써 생긴 것이
　다"(George 1997, 357).
　　"지대는 토지에서 자연히 생기는 것도 아니고 토지소유자의 행위에 의해 생기는 것도 아
　니다. 지대는 사회 전체에 의해 창출된 가치를 대표한다. 사회에 다른 사람이 없다면 토
　지소유자로 하여금 토지 보유로 인해 생기는 모든 것을 갖게 해도 좋다. 그러나 사회 전
　체가 창출한 지대는 반드시 사회 전체의 것이 되어야 한다"(George 1997, 352～353).

또한 마르크스와 조지는 시초축적 분석을 통해 자본이 "머리에서부터 발끝까지 모든 털구멍에서 피와 오물을 흘리면서"(Marx 1991a, 956) 등장한 까닭이 대토지사유제였다고 보는 시각도 서로 유사하다.9) 그러나 마르크스는 착취의 현장인 생산과정에서 토지사유제가 어떤 영향을 미치는지에 대한 설명이 거의 없다고 해도 과언이 아니다. 토지는『자본론』3권의 잉여가치가 분배되는 곳에서만, 그리고『자본론』1권의 시초축적을 다루는 곳에서만 등장할 뿐이다.10)

하지만 마르크스가 여기저기에서 토지와 노동의 관계를 언급한 것을 종합하면 임금이 생존비에 머무는 이유와 산업예비군이 상존하게 된 원인이 토지사유제였음을 유추할 수 있게 된다. 마르크스는 "토지국유화"를 논하는 곳에서 "토지를 국유화하면 노동과 자본 간의 관계가 완전히 변화하며 공업생산이건 농업생산이건 간에 자본제적 생산형태로부터 이탈하게 된다."(Marx 2002. 155~156)고 했는데, 여기에서 우리는 그가, 토지가 사적으로 독점되지 않고 국유화되면 노동이 '임금노예' 상태에서 벗어날 거라

---

9) 조지는 "토지사유제는 맷돌의 아랫돌이다. 물질적 진보는 맷돌의 윗돌이다. 노동 계층은 증가하는 압력을 받으면서 맷돌 가운데서 갈리고 있다."라고 하면서 토지사유제가 바로 노동자의 임금이 생존비에 머무는 원인이라고 설명하고 있다(George 1997, 344).

10) 필자가 보기에 마르크스 경제학의 정수(精髓)가 담겨있는『자본론』1권의 상품분석과 절대적·상대적 잉여가치 생산에서 토지가 등장하지 않는 것은, 토지를 자본가들이 소유했다고 간주했기 때문일 것이다. 그는「1844년의 경제학 철학 초고」에서 "최종적 결과는 따라서 자본가와 토지소유자 사이의 구별의 해소이고, 따라서 이로 인해 완전히 두 계급의 주민, 즉 노동자 계급과 자본가 계급만이 존재하게 된다."(Marx 1991b, 66)고 했다. 그러나 검토해보면 생산에서 토지가 하는 역할과 자본이 하는 역할은 전혀 다르다.

고 생각했음을 유추할 수 있게 된다.

또한 그는 임노동-마르크스에게서 임노동이란 임금노예라는 뜻으로 쓰인다.-이 존재하려면 토지사유제가 성립되어야 한다고 다음과 같이 역설하기도 하였다.

> 자본가는 그의 자본이 임노동 없이는 자본이기를 멈춘다는 것, 자본의 전제 중의 하나가 토지 소유 일체일 뿐만 아니라 근대적 토지 소유라는 것을 발견하게 된다. 자본화된 지대로서 비쌀 뿐만 아니라 그 자체로 개인들에 의한 토지의 직접적인 이용을 배제하는 토지 소유인 것이다(Marx 2000, 282).

마르크스는 토지가 사유화되고 토지 가격이 비싼 까닭에 노동이 접근할 수 없는 것이 임금이 생존비에 머물고 산업예비군이 존재할 수밖에 없는 직접적인 원인이라고 파악한 것이다.

또한 마르크스는 "고타강령비판"에서 "토지소유의 독점은 더구나 자본 독점의 토대"라고 했는데(Marx 2000, 373), 여기서 우리는 세 가지를 유추할 수 있다. 먼저는 원초적인 독점력은 토지소유에서 비롯되었다는 것이고, 두 번째는 자본이 행사하는 힘은 그 자체에 고유한 것이 아니라 파생적·부차적인 성격을 가졌으며, 세 번째는 노동이 자본에 대해 취약한 것은 노동자가 자신의 토지를 갖지 못했기 때문이라고 이해할 수 있다(Harrison 2009, 400). 요컨대 자본의 힘은 토지소유의 힘에서 비롯되었다는 것이다.

그리고 마르크스는 토지의 사적 소유가 자본주의적 생산관계의 필수요소이기는 하지만, 일단 자본주의적 생산관계가 확립된 다음에는 토지사유제는 자본주의적 생산과 모순된다고 보았다(Marx 1990, 996). 여기에 더하여 그는 "생산 그것과는 무관한 요소인 토지가격이 생산을 불가능하게 만드는 수준으로까지 등귀할 수 있다."(Marx 1990, 996)고 했는데, 여기에서 우리는 마르크스가 토지투기가 생산에 미치는 파괴적인 영향력을 어렴풋하게나마 인식했다고 유추할 수 있다.[11]

마르크스의 이런 생각을 조지가 말한 지대 환수의 효과와 결부시켜서 생각해보면 임금이 생존비에 머물 필요도 없고 산업예비군이 상존할 필요도 거의 줄어든다는 것을 알게 된다. 후술하겠지만 지대를 환수하게 되면 창업 활성화 등으로 투자수요가 큰 폭으로 증가하고 토지에 짓눌려 있던 하위계층의 실제 가처분 소득액 증가로 인한 소비수요가 증가하여 일자리가 폭발적으로 늘어난다. 이렇게 되면 단언할 수 없지만, 산업예비군, 즉 비자발적 실업은 상당부분 해소될 것이다(George 1997, 417~457).

하지만 마르크스는 미국 노동 계급 운동의 거물 소르지(Friedrich Sorge)에게 쓴 편지에서 조지의 지대 환수가 잉여가치를, 즉 착취를 없애지 못한다고 보았다. 그는 다음과 같이 말한다.

---

11) 그러나 마르크스에게서 '경기변동의 주된 원인이 토지투기'라는 인식은 없다.

그(헨리 조지-필자)의 근본적인 독단적 주장은 지대가 국가에 지불된
다면 모든 것이 괜찮으리라는 것입니다(당신은 공산당 선언에 포함된
과도적인 수단들 안에서 또한 이러한 종류의 지불을 발견할 수 있을
것입니다)(Marx 1881).

여기에서 우리는 마르크스가, 지대는 초과된 이윤이자 잉여
가치의 '하나'일 뿐이라는 입장을 고수했다는 것을 알게 된다.
고용된 노동이 존재하는 한 착취는 있을 수밖에 없고 자본가가
가져가는 평균이윤은 잉여노동이 만들어낸 착취의 결과라는 사
실은 변할 수 없다고 본 것이다. 왜냐하면 노동가치론에 의하면
자본은 잉여노동이 없으면 존재할 수 없기 때문이다. 그래서 결
국 그는 토지뿐만 아니라 자본도 사회화해야 한다는, 사회화할
수밖에 없다는 결론에 이른 것으로 보인다.

우리는 이러한 마르크스의 입장을 다음과 같이 요약할 수 있
다. 지대가 사유화될 때는, 즉 토지가 사적으로 소유되고 노동
은 생산수단을 전혀 소유하지 못할 때는 10시간 노동 중 5시간
은 필요노동이고 5시간은 잉여노동이었지만, 지대가 국유화 되
면 "자본과 노동의 관계가 완전히 변화하여" 잉여노동은 줄어
들 것이다. 그러나 고용된 노동이 있는 이상, 다른 말로 표현하
면 이자(이윤)가 존재하는 이상 착취는 존재할 수밖에 없다. 왜
냐하면 노동가치론에 따르면 이자(이윤)는 잉여노동이 만들 수
밖에 없고 이것이 보장되지 않으면 자본은 노동을 고용하지 않
기 때문이다.

그러나 이것은 설득력이 약하다. 이런 설명은 오직 현재의 노동만이 가치를 생산한다는 노동가치론이 논리적이고 과학적으로 분명하게 입증될 때만 설득력을 가지는데, 노동가치론은 증명할 수 없는 전제다. 앞에서 설명했듯이 자본을 사용하면 더 많이 생산한다는 사실 하나만으로 자본 사용에 대한 대가인 이자를 인정하는 것이 더 자연스럽다. 그리고 조지가 제안한 방식으로 지대를 환수하면 잉여가치론의 '상황적 근거'인 산업예비군과 생존비임금이 사라지므로 마르크스의 잉여가치론을 고수할 필요도 크게 줄여준다. 더 나아가 헨리 조지는 토지가치를 공유하면 높은 임금과 높은 이자(이윤)가 동행할 수 있다고까지 주장하고 있다.[12]

이렇게 잉여가치론의 상황적 근거가 사라지게 되면 결국 자본의 이자는 노동의 임금과 같은 성질의 것이므로 소유권 논의는 같은 결론에 이르게 된다.

---

12) 만약에 마르크스가 토지를 독립된 생산수단으로 간주한 상태에서 토지가 노동과 자본에 어떻게 영향을 미치는지 분석했다면 조지와 같은 결론에 도달했을지도 모른다. 그는 지주가 생산에 "아무런 기여도 하지 않은 채 잉여생산물과 잉여가치에서 점점 더 많은 몫(the growing share)을 차지한다."(Marx 1990, 788. 강조는 필자)[이 부분은 영어 본문을 보고 필자가 다시 번역했음]고 했는데, 이 부분은 조지의 '지대의 투기적 증가가 자본의 이자와 노동의 임금을 압박한다.'는 주장과 상당히 유사하다.

소결: 소유권원칙에
가장 잘 부합하는 <개혁>

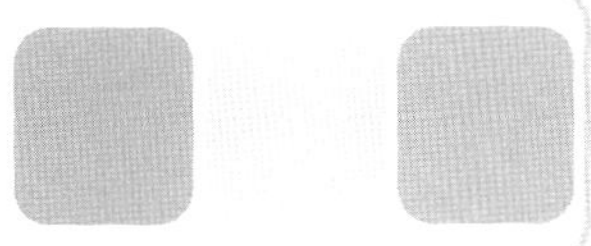

　전술했듯이 노동의 임금은 재분배의 여지가 있기는 하지만, 그것은 기본적으로 사적 소유를 전제로 해야 하고, 이것은 역시 노동이 생산한 자본과 자본 사용에 대한 대가인 이자에도 적용할 수 있다. 물론 이에 대해서 자기소유권을 부인하는 롤스의 입장에서는 재분배를 강하게 주장할 수 있으나, 토지가치공유를 전제하면 재분배의 근거가 취약해진다.

　이에 대해서 자본의 이자에 관해서는 검토한 것처럼 자본과 자본 사용의 대가인 이자도 노동자의 착취에 기인했다는 마르크스의 주장이 상당한 재분배의 근거가 될 수 있지만, 이것 역시도 토지가치공유의 토대 위에서 검토해보면 마르크스의 잉여가치론은 설 땅을 잃게 된다. 여기에서도 알 수 있듯이, 지금까지의 경제학이 토지라는 기반을 잃어버린 채 논의를 전개하는 것처럼, 소유권 논쟁도 토지소유권을 우선적으로 검토하지 않았기 때문에, 다시 말해서 토지가치공유라는 기반을 잃어버렸기 때문에 수많은 논쟁이 오고가도 수렴할 수 있는 지점을 발견하지 못한 것이라고 할 수 있다. 토지가치공유라는 토대 위에서 소유권을 논의하면 자기소유권을 부정하든 긍정하든 각각이 주장하는 소유권의 거리는 그다지 멀지 않을 것이다. 고소득자일수록 임금과 이자에 대한 재분배의 정당성은 명백하다고 보지만, 토지사유제가 초래한 문제를 해결하기 위한 재분배까지는 불필요하다고 하겠다.

　지금까지 소유권 논의를 통해서 각각의 전략을 검토해보면 다음과 같다. <증세>는 토지가치를 완전히 환수하지 않는 문제와 임금과 이자의 부분을 지나치게 공유하는 문제가 공존하고 있고, <감세>는 토지가치를 사유화하는 문제와 임금과 이자에서 지나치게 사유화하는 문제가 공존하고 있다고 할 수 있다. 반면에 토지가치는 공유하고 자본의 이자와 노동의 임금은 사유하는 방향으로의 <개혁>은 토지의 소유권에서는 소유권 원칙에 정확히 부합하지만 임금과 이자의 사유화는 지나친 면이 있다고 할 수 있다. 요컨대 각각의 전략이 소유권원칙에 부합하지 않는 면이 있기는 하지만, 토지가 가장 중요한 생산수단이라는 것을 삼안하면 소유권원리에 가장 잘 부합하는 방안이 <개혁>이라고 결론지을 수 있다.

PART 4

경제원칙에서 본 패키지형 세제개혁

　PART 3에서는 소유권원칙으로 <개혁>의 정당성을 논하였
다. PART 4에서는 경제학의 중요한 가치인 효율성과 형평성의
관점에서 <증세>, <감세>, <개혁> 방안을 비교하려고 한다.
이를 위해서 토지세, 소득세, 법인세, 부가세 각각의 효율성과
형평성을 평가해보도록 한다.

01

토지세의 효율성과 형평성 검토[1]

일반물자에 부과하는 세금이 그 물자의 생산 활동을 위축시 킨다는 것은 부인할 수 없는 사실이다. 그런데 토지세는 전혀 그렇지 않다. 다시 말해서 토지세는 경제에 전혀 영향을 주지 않는 세금인데, 우리는 이런 성질을 가리켜 '중립성(neutrality)' 이라고 부른다. 그러나 토지세는 여기에 그치지 않고 오히려 경 제활동에 활력을 불어넣기까지 하는데, 우리는 이것을 중립성 을 넘어선다는 의미에서 '초중립성(superneutrality)'이라고 부를 수 있다(Dwyer 1980, 128). 그리고 토지를 가진 사람은 주로 부 자이기 때문에 토지세는 형평성을 제고하는 데 도움이 된다. 아 래에서는 그것을 하나하나씩 검토해본다.

1) 토지세의 중립성

토지세가 전가되지 않는 첫 번째 이유는 토지의 공급이 고정

---

[1] 이 부분은 남기업(2012, 109~115)에 크게 의존했음을 밝힌다.

되어 있기 때문이다. 세금의 전가는 가격에 따라서 수요량과 공급량을 조절할 수 있는 재화에서나 가능하다. 예를 들어 연필을 생산할 때마다 세금을 부과한다고 해 보자. 그러면 연필 생산업체는 이윤감소에 직면하게 되고 결과적으로 연필생산을 줄이게 된다. 이렇게 공급이 줄면 가격이 올라가게 되어 연필 소비자들은 평소보다 더 비싼 가격에 연필을 구입하게 된다. 이렇듯 일반물자에 부과하는 세금은 최종적으로는 공급자와 수요자가 나눠서 부담하게 되는 것이다. 그러면 연필 생산자와 소비자 중 누가 세금을 더 많이 부담할까? 그것은 가격 변화에 민감한 쪽이 덜 부담하게 된다. 만약 연필소비자들이 연필의 가격 변화에 민감하다면, 즉 가격이 조금만 올라도 연필이 아닌 다른 필기구를 구입한다면 연필 생산업체가 더 많은 세금을 부담하게 된다는 것이다. 그러나 토지는 가격에 따라 그 양을 조절할 수 없기 때문에, 다른 말로 하면 토지는 공급이 완전 비탄력적이기 때문에 토지세를 부과하면 토지소유자가 전부 부담할 수밖에 없다. 지난 참여정부에서 토지세 강화의 한 방법인 종합부동산세를 신실했시반 대한민국 토지는 한 뼘도 줄어들지 않았다.

하지만 토지 공급이 완전 비탄력적이라는 데에 반론을 제기하는 사람들도 많다. 산을 개간해서 밭을 만들면 농지가 더 많아지고, 농지를 택지로 전환하면 택지가 증가하는데, 공급량이 고정되어 있다는 건 말이 안 된다는 것이다. 그러나 2장에서 설명했듯이 용도가 전환된 토지는 특정 지역의 토지와는 전혀 다르다. 토지의 특성은 '위치'가 결정하는데, 위치는 옮길 수 없기 때문이다. 참여정부 시기에 강남 대체를 위해 판교의 농지를 택지로 전환해 택지 공급을 늘렸지만, 강남이라는 특정 지역의 공급은 불변이다. 그렇기 때문에 모든 토지에 동일한 세율로 부과하는 토지세는 전가가 일어날 수 없다. 이런 이유로 일찍이 경제학의 시조(始祖) 격인 아담 스미스가 "이 조세(토지세−인용자)는 생산물의 양을 감소시키는 경향은 없기 때문에 가격을 인상시키는 경향을 가질 수 없다. 이 조세는 국민들의 근면을 해치지 않으며 납세하는 불가피한 불편 이외에는 지주에게 일체 불편을 끼치지 않는다."(Smith 1998, 320)라고 한 것이다.

토지세가 전가되지 않는 두 번째 이유는 토지세의 대상이 되는 지대가 상품가격에 포함되지 않기 때문이다(price determined). 지대가 가격을 구성하는 요소 중 하나라면(price determining) 토지세를 통한 지대환수는 가격체계에 영향을 주게 되는데, 이렇게 하면 토지세의 중립성은 훼손될 수밖에 없다. 그런데 지대가 가격에 포함되지 않는다는 것은 우리의 일상경험과 배치되는 것 같아 좀 더 자세한 설명을 해 보도록 한다.

지대가 가격의 구성 부분이 아니라고 분명하게 못 박은 학자는 리카도이다. 리카도는 맬서스와 벌린 유명한 '곡물법 논쟁'에서 당시 곡물가격이 상승한 것은 지대가 먼저 상승했기 때문이 아니라, 곡물법으로 곡물에 대한 국내수요가 증가하였기 때문이라고 하였다. 곡물수요의 증가는 경작의 한계를 더 열등한 토지로 확대시키고, 이것은 다시 곡물 한 단위당 투입노동량을 증가시켜 결국 곡물의 가격이 증가된다. 따라서 곡물가격이 먼저 상승했기 때문에 결과적으로 지대의 상승이 초래되었다는 것이다. 이에 대한 리카도의 분명한 입장을 들어보자.

> 자연생산물의 비교가치가 상승하는 이유는 그 획득되는 마지막 부분의 생산에 더 많은 노동이 고용되기 때문이지 지대가 지주에게 지급되기 때문이 아니다. 곡물의 가치는 지대를 지급하지 않는 질의 토지에서 또는 지대를 지급하지 않는 자본부분을 가지고 그것을 생산할 때에 투여되는 노동량에 의해서 규제된다. 지대가 지급되기 때문에 곡물이 비싼 것이 아니라 곡물이 비싸기 때문에 지대가 지급되는 것이다(Ricardo 1991, 142).

리카도는 더 나아가서 지대가 가격 구성성분의 하나가 아니라는 점은 정치경제학에서 가장 중요한 부분이라는 점을 다음과 같이 역설한다.

> 지대는 가격의 한 구성부분으로서 조금도 참여하지 않으며 참여할 수도 없다. 이 원리를 분명히 이해하는 것은 정치경제학이라는 학문에서 가장 중요하다고 나는 믿는다(Ricardo 1991, 145).

리카도의 주장을 예를 들어 설명해보자. 칼국수의 가격은 가계의 위치와 무관하게, 즉 지대와 관계없이 6천 원으로 고정되어 있다.[2] 만약 지대가 가격의 구성 성분 중 하나라면, 칼국수의 가격은 지대에 따라 달라져야 한다. 즉, 위치가 좋은 가계일수록 칼국수의 가격은 높아야 한다. 그러나 우리가 알고 있듯이 칼국수 가격은 가게 위치와 무관하다. 이런 이유 때문에 지대에 세금을 부과해도 상품가격에는 전혀 영향을 주지 않는 것이고, 그래서 토지세를 중립적이라고 하는 것이다.

그러나 지대가 가격에 포함되지 않는다는 것은 리카도가 가정했듯이 한계지가 존재할 때나 가능한 것인데 지금은 한계지가 존재하지 않기 때문에 토지세가 중립적이지 않다는 반론을 제기할 수도 있다. 하지만 이미 마셜(Alfred Marshall)이 밝혔듯이 이것은 한계지의 유무(有無)와는 상관없다. 한계지가 소진되었다고 하더라도, 다시 말해서 모든 토지에서 지대를 지불할 수밖에 없다고 하더라도 상품가격은 집약적 한계(intensive margin)의 생산비에 의해서 결정되는데, 집약적 한계에는 지대가 포함되지 않는다(이재율 1999).

요컨대 토지세의 중립성은 토지공급의 완전 비탄력성과 토지가치를 의미하는 지대가 가격의 원인이 아니고 결과라는 점에 의해서 입증된다고 하겠다. 바로 이런 이유 때문에 1982년 레이건 대통령의 수석 경제 보좌관으로 임명된 하버드 대학의 마

---

2) 물론 지대가 비싼 곳의 칼국수가 비싸기도 하다. 하지만 이것은 지대가 비싸서 칼국수가 비싼 것이 아니라, 칼국수 가격이 비싸도 구매가 일어나기 때문이다. 이것은 일종의 경영 전략의 산물이다.

틴 펠드스타인(Martin Feldstein) 교수가 "경제학자들이 오랫동안 순수한 지대 소득에 부과하는 세금에 관심을 보여 온 이유는 그 것이 초과부담이 없는 세금이기 때문이다. 토지 소유자들이 토 지의 공급을 변경할 수 없기 때문에, 그 세금은 왜곡을 발생시 키지 않으며 따라서 후생 손실(welfare loss)을 초래하지도 않는 다."라고 한 것이다(Harrison 저, 전강수·남기업 역 2009, 395에 서 재인용).

2) 토지세의 초중립성(superneutrality)

토지세가 중립성을 넘어 초중립성을 지녔다는 것은 토지세가 국민소득을 증가시키고 고용을 창출하는 데 기여한다는 것을 뜻한다. 그것은 토지세가 토지를 비효율적으로 이용하는 사람 에게 일종의 벌금으로 작용하기 때문이다.

토지세가 중립적이라는 말은 토지세가 토지사용에 전혀 영향 을 주지 않는다는 뜻도 되는데, 그것은 토지를 효율적으로 사용 하는 경우에만 해당되는 말이다. 그러나 지금 주위를 둘러보면 토지를 비효율적으로 이용하는 경우가 허다하다. 대도시 주변 에 놀고 있는 땅이 있고, 고층건물이 있는 지역에 허름한 저층 건물이 있는 경우도 상당히 눈에 많이 띈다. 이러한 비효율적 토지사용의 이유는 무엇인가? 그것은 비효율적 토지사용이 토지소유자에게 더 많은 이득을 안겨주기 때문이다. 토지를 생산에 이용하고 있는 것보다 그냥 놀리는 것이 토지 불로소득을 더 많이 더 쉽게 얻을 수 있는 방법이기 때문이다. 한마디로 말해서 지가가 폭등했을 때 팔기가 더 수월하다는 것이다. 그런데 토지세를 부과하면 토지는 더 이상 놀리거나 비효율적으로 사용할 수 없게 된다. 토지세를 내기 위해서라도 토지를 이용해야 한다. 안 그러면 처분해야 한다. 인간의 생산 활동은 결국 토지를 이용하는 것임으로 토지의 효율적 이용은 결국 국민소득이 증가하고 더 많은 일자리가 만들어진다는 것을 뜻한다.

그뿐 아니라 토지가 효율적으로 사용되면 토지를 방만하게 사용한다는 증거인 도심지 공동화 현상과 도시의 무분별한 확산이 억제된다. 토지세를 강화하면 도시 내 노는 토지나 저사용(under-use)되는 토지, 예를 들어 고층건물이 즐비한 곳에 흉물스런 저층건물은 증축이나 리모델링의 대상이 되는데, 이렇게 도시 중심지가 효율적으로 이용되면 도시가 외곽으로 무분별하게 확산되는 것을 방지할 수 있게 된다. 저층 건물을 증축하고 건물을 깨끗하게 관리하고 노는 토지를 효율적으로 사용하는 이유는 그렇게 해야 이익이 되기 때문이다. 그리고 이렇게 토지가 효율적으로 이용되면 도시의 무분별한 확산 때문에 어쩔 수 없이 들어가는 도로설치비용, 하수구설치비용, 공공시설설치비용 등도 절약할 수 있게 된다.

요컨대 토지세를 계속 강화하면 토지의 효율적 사용은 더욱 촉진되고, 이것은 자연스럽게 국민소득의 증가와 일자리 창출로 이어지게 된다. 그러므로 토지세는 정당성으로 보나 효율성으로 보나 강화해야 할 세금이라는 것이 분명하다고 하겠다.

3) 토지세의 형평성

한국사회에서 토지는 누가 가지고 있을까? 흔히 말해서 부자들이 땅을 소유하고 있다는 것은 상식에 속한다. 따라서 토지세의 부과는 빈부격차를 완화하는 효과, 즉 형평성을 제고하는 효과를 낳는다.

2007년 당시 현재는 '안전행정부'이지만, 당시는 '행정자치부'였다. 발표한 자료에 따르면 2006년 말 현재 세대별 토지소유현황은 1,097만 세대로 총세대(1,833만 세대) 중 59.8%가 토지를 소유하고 있고, 상위 50만 세대의 소유비율은 58.9%로 나타났다. 다시 말해서 전체 세대의 39.1%가 토지를 소유하지 못한 것이다. 이것을 다시 토지를 소유한 세대를 면적순으로 나열한 다음, 가장 적게 소유한 세대부터 많이 소유한 세대를 10개 구간으로 등분하여 각 구간별 세대 및 소유 면적을 계산한 토지 10분위별 통계 현황을 보면 토지소유의 집중도는 훨씬 심하다는 것을 알 수 있다. <그림 4-1>에서 보듯이 '10분위'에 속하는 세대가 전체 토지 면적의 76.3%를 소유하고 있는 것으로 나타나고 있다.

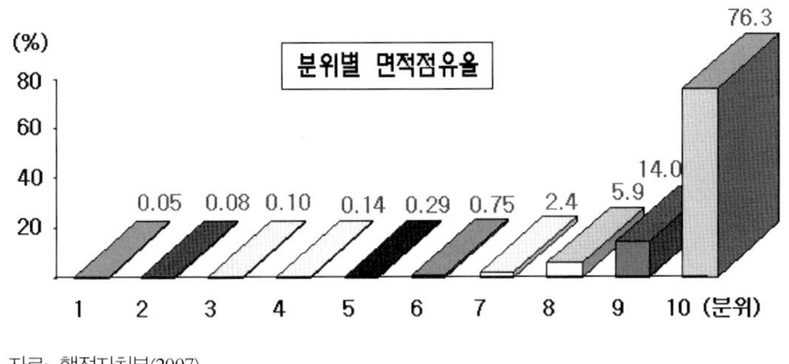

<그림 4-1> 토지 10분위별 소유세대 현황

이것을 가액기준으로 정리하면 어떻게 나타날까? 가액기준으로 발표된 통계자료가 없지만, 가액기준 불평등도는 훨씬 심할 것이라는 것은 충분히 예상할 수 있다. 우리는 이것을 부의 10분위 자료를 이용해 부의 구성을 백분율로 나타낸 <그림 4-2>에서 이를 추정할 수 있다. 가장 가난한 계층인 1분위 계층은 전체 자산에서 부동산이 차지하는 비중이 7%에 불과하지만, 5분위에서는 56%, 10분위에서는 무려 83%나 차지하는 것을 볼 수 있다. 그런데 여기에서 놀라운 것은 상위계층으로 올라가면 갈수록 비(非)거주주택 부동산의 비율이 계속 올라간다는 점이다. 즉 상위계층일수록 고액의 부동산인 상가, 빌딩, 나대지 등의 부동산을 많이 소유하고 있다는 것이다.

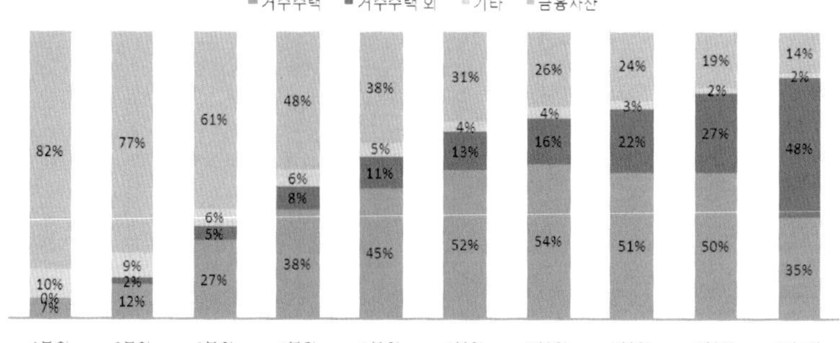

자료: 구찬동(2012, 112)에서 재인용.

<**그림** 4-2> 한국의 부(자산)의 구성

이와 같은 통계를 통해서 우리는 토지세 강화가 다음 두 가지 결과를 가져올 수 있다는 것을 예상할 수 있게 된다. 첫째는 토지세를 강화했을 시 주된 부담자는 상위계층이라는 것이다. 둘째는 토지에 짓눌려 있던 하위계층의 삶은 크게 개선된다는 것이다. 이렇게 상위계층의 부담은 늘어나고 하위계층의 삶이 개선되면 소득불평등은 완화된다.

한편 개인뿐만 아니라 토지세 강화는 기업 간의 형평성도 제고시킬 것으로 예상된다. <표 4-1>을 보면 2010년에 15대 재벌이 소유한 토지가격이 무려 83.7조 원에 달하는 것을 알 수 있다. 이것은 사유지 전체 토지가격의 2.7%, 전체 법인의 11.8%를 차지하는 금액이다. 재벌이 다양한 사업체를 거느리고 있기 때문에, 그리고 사업에는 반드시 토지를 사용해야 하기 때문에 많은 토지를 소유하는 것은 이해할 수 있지만, 전체 법인이 소유

한 토지가액의 12% 가까이를 소유하고 있다는 것은 엄청난 편
중이라 아니할 수 없다. 이런 상태에서 토지세를 강화하게 되면
사실상 토지부자인 재벌 및 대기업의 위상은 낮아지고 토지를
별로 소유하지 않거나 임대해서 쓰는 중소기업의 위상은 올라
가 경제 전체의 형평성은 크게 제고될 것이다.

<표 4-1> 15대 재벌의 토지소유 현황(2010년)

(단위: 조 원, %)

연도	2007	2008	2009	2010
국가 전체 토지자산 가격(A)	3,324.7	3,264.6	3,458.1	3,568.4
공공용지 가격(B)	445.9	441.5	471.9	493
사유지의 토지자산 가격(C＝A-B)	2878.8	2823.1	2986.2	3075.4
15대 재벌의 토지자산 가격(D)	38.9	55.3	79.3	83.7
전체 법인의 토지자산 가격(E)	568.0	589.9	641.8	685.2
D/C	1.35	1.96	2.66	2.72
D/E	6.64	9.09	11.98	11.84

자료: 경실련(2011); 국가통계포털(kosis.kr).

한편, 한국의 10대 그룹이 비업무용 토지를 얼마나 가지고
있는지를 밝힌 통계를 보면 토지세가 형평성에 크게 기여할 수
있음을 유추할 수 있게 된다. <표 4-2>는 재벌닷컴이 제시한
한국의 10대그룹의 비업무용 토지소유 규모이다. 2012년 10대 그
룹의 투자목적의 토지는 2011년 말 6조 8,739억 원에서 지난해
7조 2,589억 원으로 5.6%(3,850억 원) 증가한 것으로 나타난다.

<표 4-2> 10대그룹 상장사 투자목적의 토지 보유액

(단위: 억 원, %)

순위	그룹명	상장사	2012년	2011년	증감율
1	삼성	17	24,035	19,834	21.2
2	한화	6	14,850	14,763	0.6
3	GS	8	8,166	8,626	-5.3
4	LG	11	6,975	6,672	4.5
5	롯데	8	5,711	5,797	-1.5
6	현대자	10	6,512	6,410	1.6
7	SK	17	2,758	3,108	-11.2
8	현대중	3	2,064	2,014	2.4
9	한진	5	905	887	2.0
10	포스코	7	613	627	-2.3
합계 및 평균		92	72,589	68,739	5.6

주: 2011년 말 ~ 2012년 말(장부가 기준)
자료: 이데일리(2013. 3. 25.) 자료를 부분 편집함.

재벌닷컴은 위의 소유 토지를 "투자목적"이라고 분류했는데, 여기서 투자목적이란 상품을 생산하고 고용을 창출하는 생산활동이 전혀 아님을 인식하는 것도 중요하다. 그러면 왜 기업은 사용도 하지 않을 토지를 사두고 있는 것일까? 그것은 토지의 매입비용에 대한 이자보다 임대수익이 상대적으로 더 높고, 앞으로 더 올라 매매차익도 기대할 수 있기 때문이다. 즉, "투자목적"은 바로 '지대추구 목적', 즉 '토지불로소득 향유 목적'인 것이다. 그런데 토지가치공유를 목표로 한 토지세 강화는 이와 같은 행위를 근절시키고, 이를 통해서 수익을 얻을 수 없게 만든다. 따라서 형평성을 제고하는 데 크게 기여할 것으로 보인다.

요약하면 토지세는 경제에 전혀 해를 끼치지 않는 세금일 뿐만 아니라 비효율적으로 사용하는 토지를 효율적으로 사용하도록 유도하여 국민소득 증가와 일자리를 창출하고, 형평성을 제고시키는 데 크게 기여할 수 있는 세금이다.

02

법인세 · 소득세 · 부가세의 효율성과 형평성 검토

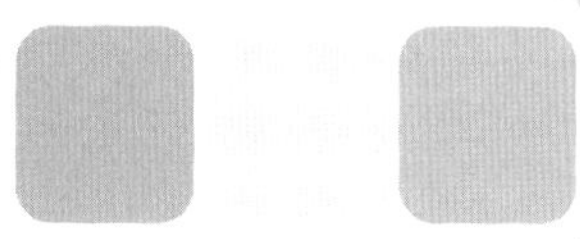

1) 법인세의 효율성과 형평성 검토

법인세는 법인기업의 생산 활동에 부과하는 세금이기 때문에 다른 조건이 동일하다면 세율을 올리면 효율을 저해할 수밖에 없는데, 이것은 소비자와 생산자 잉여의 축소로 나타난다. 소비자는 더 높은 가격에 더 적은 상품을 소비하여 효용이 감소하고, 생산자는 더 적은 상품을 판매하여 수익이 감소한다. 여기서 다시 법인의 수익 감소는 자본과 노동에 대한 수요 및 공급의 탄력성에 따라 부담이 나누어지는데, 궁극적으로는 임금 하락과 기업의 영업잉여의 하락으로 나타나게 된다(김승래 2010, 8). 이와 같은 법인세 강화의 비효율성을 좀 더 자세히 살펴보면 아래와 같다.

먼저 법인세 강화는 투자를 위축시킨다. 법인세가 없었다면 투자대상이 되는 사업도, 법인세가 부과되면 투자대상에서 제외될 수 있다는 것이다. 여기서 우리는 법인세 강화는 고용에 부정적인 영향을 준다는 것을 알게 된다.

두 번째로 법인세 강화는 자본수익률 저하를 초래해 자본투입을 감소시키고, 결국 자본집약 산업과 기술집약 산업의 발전을 저해한다.

세 번째로 저축의욕을 저하시킨다. 법인세를 강화하면 주식의 배당소득이 감소하기 때문에 주식투자 수익률은 낮아질 수밖에 없다. 그런데 개인의 저축이 투자자산의 수익률에 의존한다는 점을 감안하면 투자수익률이 낮으면 낮을수록 저축의욕은 감소할 수밖에 없다.

한편 기업에게 사회보장기여금을 더 부담시키는 것도 일종의 법인세인데, 이렇게 되면 기업은 사람을 고용하기보다 사회보장기여금을 내지 않아도 되는 기계를 더 많이 도입한다. 다시 말해서 사회보장기여금 강화는 법인에게 일자리에 부정적인 영향을 미친다.

반면에 법인세 강화는 형평성을 제고하는 역할을 한다. 법인세를 강화하면 소득수준이 높은 개인, 그러니까 법인의 영업잉여에서 더 많은 소득청구권을 가지고 있는 고소득자가 더 많은 세금을 부담하게 되기 때문이다. 이와 관련해서 김승래(2010)는 한국에서 법인세 1% 증세가 소득계층별로 경제적 귀착(incidence)을 비교해서 <표 4-3>의 결과를 내놓았다.

<표 4-3> 법인세 1%p 인상의 소득계층별 후생효과

(단위: 천 원, %, 2007년 기준)

	1분위	2분위	3분위	4분위	5분위	6분위	7분위	8분위	9분위	10분위
법인세 부담변화	13	26	29	36	43	48	57	73	100	217
소득대비 비중	0.23	0.19	0.15	0.14	0.14	0.14	0.14	0.15	0.17	0.25
상대비	0.20	0.40	0.46	0.55	0.67	0.75	0.89	1.14	1.56	3.38

주: '세부담 변화'는 계층별 후생손실을 의미하며, 세부담의 '소득대비 비중'은 경상소득 기준. 그리고 '상대비'는 전체평균 세부담 대비 분위별 세부담의 비율
자료: 김승래(2010, 10).

<표 4-3>을 보면 법인세 1%p를 증가시키면 소득1분위의 경우에는 연간 약 1만 3천 원을 부담하지만, 소득 10분위는 21만 7천 원을 부담하는 것으로 나왔다. 다시 말해서 소득 불평등이 완화될 수 있다는 것이다. 실제로 김승래(2010, 10)는 법인세를 1조 원 증세하면 2,980억 원의 손실이 발생하지만, 지니계수는 0.0264%가량 낮아진다고 추산했다. 결론적으로 말해서 법인세는 효율성과 형평성이 충돌할 수밖에 없다는 것이다.

2) 소득세의 효율성과 형평성 검토

소득세 역시 생산 활동에 부과하는 세금이기 때문에 비효율을 초래하는 것은 법인세와 마찬가지이다. 하지만 앞의 법인세와 마찬가지로 소득세는 노동자만 부담하는 것이라고 생각하면 안 된다. 노동자들은 세전(稅前) 소득이 아니라 세후(稅後) 소득

을 기초로 해서 고용주와 협상하기 때문이다. 따라서 소득세의 상당부분은 기업에게 전가될 수밖에 없다. 이런 상황에 직면한 기업은 사회보장기여금의 경우와 마찬가지로 노동절약적 투자를 하거나 그 부담을 상품가격에 전가시키는 문제, 그러니까 앞서 다룬 법인세 증세와 동일한 문제가 발생한다.

한편 소득세는 노동의 대가인 근로소득에 부과될 뿐만 아니라 자본공급의 대가인 저축소득에도 부과되므로 노동시장과 자본시장을 동시에 왜곡시킨다. 즉 노동공급을 위축시키고 저축률을 낮춰서 자본축적에 부정적인 영향을 주게 된다는 것이다.

하지만 법인세와 마찬가지로 누진도가 있는 상태에서 소득세를 강화하게 되면 고소득자들이 더 많은 부담을 할 수밖에 없고, 그것은 형평성 개선을 가져올 수 있다. 김승래(2010)는 소득세의 1% 인상이 모든 소득계층에게 얼마만큼의 후생효과를 가져오는지를 검토하여 <표 4-4>와 같은 결과를 내놓았다.

<표 4-4> 소득세 1%p 인상의 소득계층별 후생효과

(단위: 천 원, %, 2007년 기준)

	1분위	2분위	3분위	4분위	5분위	6분위	7분위	8분위	9분위	10분위
소득세 부담변화	1	10	21	36	58	90	115	189	265	514
소득대비 비중	0.01	0.07	0.10	0.14	0.20	0.26	0.28	0.40	0.45	0.59
상대비	0.01	0.08	0.16	0.27	0.45	0.69	0.89	1.45	2.04	3.96

주: '세부담 변화'는 계층별 후생손실을 의미하며, 세부담의 '소득대비 비중'은 경상소득 기준. 그리고 '상대비'는 전체평균 세부담 대비 분위별 세부담의 비율
자료: 김승래(2010, 11).

<표 4-4>를 보면 최하위 소득계층인 소득1분위의 경우는 연간 약 1천 원, 그리고 최상위 소득계층인 소득 10분위의 경우는 연간 51만 4천 원 정도의 추가부담이 예상되는 것을 알 수 있는데, 이는 소득규모가 큰 고소득층에게 부담이 크다는 걸 나타낸다. 실재로 김승래(2010, 11)는 소득세를 1조 원 증세하면 2,120억 원의 손실이 발생하지만 지니계수는 0.1999% 줄어드는 것으로 분석하였는데, 이를 통해서 우리는 소득세 강화는 효율성과 형평성이 충돌할 수밖에 없다는 것을 알게 된다.

3) 부가세의 효율성과 형평성

상품에 일정한 세율로 부과되어 최종소비자가 부담하는 부가세는 대표적인 간접세이다. 간접세라는 것은 세금을 내는 자와 부담하는 자가 다르다는 것인데, 이것은 사실 행정상의 분류일 뿐이다. 실제로는 상품에 대한 수요와 공급의 탄력성에 따라 생산자와 소비자가 나눠서 내게 되고, 그 과정에서 경제 전체에 비효율은 발생할 수밖에 없다. 그러면 부가세이 비효율을 총공급곡선의 이동으로 설명해보자.

부가세를 모든 상품에 부과하면 상품공급자는 세금만큼 가격을 올리게 되는데, 이는 <그림 4-3>에서처럼 총공급곡선이 좌상향(① → ②)한다는 것을 의미한다. 이렇게 되면 세금이 없었을 때의 균형점인 A에서 세금 부과했을 시의 균형점인 B로 이동할 수밖에 없는데, 이것은 <그림 4-3>에서 보듯이 결국 산출량과 고용량이 줄어드는 결과를 초래한다. 즉 부가세를 강화하면 GDP 하락과 일자리 축소가 불가피하다는 것이다.

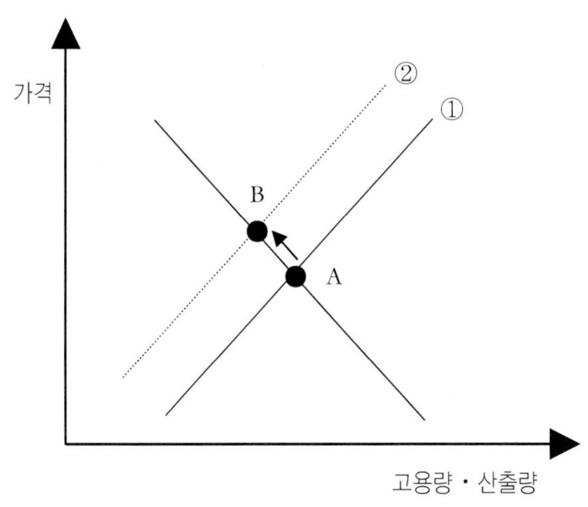

<그림 4-3> 부가세 증세의 효율성 검토

그뿐 아니라 부가세 강화는 소득세·법인세와 달리 형평성을 더 악화시킨다. 이것은 부가세가 소득이 낮은 사람일수록 소득에 대비한 세 부담률이 높은 역진적인 성격이 있기 때문이다. 다른 말로 하면 부가세는 개인의 담세능력을 고려하지 않기 때문이다. 김승래(2010, 14~15)에 따르면 <표 4-5>에서 보듯이 부가세를 1%p 인상하면 최하위소득계층인 소득1분위의 경우는

연간 약 8만 원, 그리고 최상위계층인 소득 10분위의 경우는 연간 37만 1천 원 정도의 추가부담이 예상되는데, 소득대비 비중으로 보면 1분위는 1.40%인 데 반해 10분위는 0.42%밖에 부담하지 않는 것이 된다. 그러니까 소득대비 부가세 부담은 하위계층이 더 높다는 것이다. 김승래의 연구에 따르면 부가세를 1조 원 증세하면 1,550조 원의 손실이 발생하고, 지니계수가 0.0399% 증가하는 것으로 나온다. 요컨대 부가세는 효율성과 형평성 모두에 부정적인 영향을 미치는 세금이라는 것이다.

<표 4-5> 부가세 1%p 인상의 소득계층별 후생효과

(단위: 천 원, %, 2007년 기준)

	1분위	2분위	3분위	4분위	5분위	6분위	7분위	8분위	9분위	10분위
부가세 부담변화	80	102	128	145	163	184	202	221	253	371
소득대비 비중	1.40	0.73	0.64	0.58	0.55	0.52	0.50	0.46	0.43	0.42
상대비	0.43	0.55	0.69	0.78	0.88	0.99	1.09	1.19	1.37	2.00

주: '세부담 변화'는 계층별 후생손실을 의미하며, 세부담의 '소득대비 비중'은 경상소득 기준. 그리고 '상대비'는 전체평균 세부담 대비 분위별 세부담의 비율
자료: 김승래(2010, 10).

소결: 경제원칙에 가장 잘 부합하는 <개혁>

앞의 논의에서 토지세, 법인세, 소득세, 부가세 각각의 효율성과 형평성을 표로 나타내면 다음과 같다.

<표 4-6> 주요 세금의 증세 효과 비교

세금	토지세 증세	소득세 증세	법인세 증세	부가세 증세
형평성	○ ○	○	○	×
효율성	○	×	×	×

주: 1) 자산소유 불평등, 그중에서 토지소유불평등(지니계수 0.7 ~ 0.8)이 소득불평등(지니계수 0.31)보다 훨씬 높다는 것에서, 그리고 토지소유불평등이 소득불평등의 원인이 된다는 것에서 토지세 증세가 형평성을 제고시키는 정도는 소득세나 법인세 증세보다 크다는 것을 충분히 추론할 수 있다(구찬동 2012, 139 ~ 145; 김윤상 2011).
2) ○와 ×의 개수는 정도를 나타냄.

<표 4-6>을 통해서 알 수 있듯이 토지세는 효율성과 형평성 모두에서 긍정적인 효과를 미치는 반면, 소득세와 법인세는 형평성은 제고시킬 수 있으나 효율성은 저하시킨다. 그리고 부가세는 효율성과 형평성 모두에 부정적인 영향을 미친다. 따라서 이를 통해서 정리할 수 있는 세제개혁의 바람직한 방향은 증세

의 우선적 대상은 토지세이고 감세의 우선적 대상은 부가세이며, 소득세와 법인세는 그다음이라고 할 수 있다.

이렇게 <개혁>은 진보의 <증세>와 보수의 <감세>와 비교했을 때 새로운 시사점을 제공한다. 기존의 <감세>는 모든 세금은 좋지 않다는 전제에서 출발했는데, 이는 토지를 독특한 생산수단으로 보지 않았기 때문에 나온 그릇된 견해다. 위에서 검토한 것처럼 토지세는 오히려 더 많이 거둘수록 경제에 도움이 된다. 반면에 진보의 <증세>는 토지의 사회경제적인 영향력을 무시한 채, 즉 거대한 복지수요의 상당한 원인이 토지에서 비롯되었다는 것을 인식하지 못한 채 복지재정 마련을 위해 어떻게 하면 더 많은 세금을 거둘 수 있을까에 매달렸다고 할 수 있다. 양쪽 모두 토지의 독특성을 인정하지 않는 것은 마찬가지라는 것이다. 그러나 2장에서 다뤘듯이 토지의 독특성과 중요성을 인정하고 토지의 사회경제적 영향력을 인식하면, 그리고 소유의 정당성을 논의한다면 효율성과 형평성을 동시에 담보할 수 있는 새로운 방안을 찾을 수 있게 된다. 증세를 통해서 복지수요를 줄이고 감세를 통해서 경제를 활성화할 수 있는 제3의 방안이 마련될 수 있다는 것이다.

PART 5

조세원칙에서 본 패키지형 세제개혁

PART 5에서는 조세원칙을 통해서 <개혁>의 우위성을 검토해보도록 한다.

지금까지 다양한 조세원칙이 제시되었는데, 여기서는 경제학의 시조격인 아담 스미스가 제시한 공평의 원칙, 경제성의 원칙, 확실의 원칙, 편리의 원칙을 기준으로 검토하려고 한다. 하지만 필자는 여기서 확실의 원칙과 편리의 원칙을 세무행정상의 원칙으로 묶어 공평의 원칙, 경제성의 원칙, 세무행정상의 원칙 세 가지의 관점에서 평가하려고 한다. 공평의 원칙이란 세금 부담이 공평해야 원망과 시비가 없다는 것이고, 경제성의 원칙이란 세금을 부과할 때 경제에 부담을 주지 않는 방향에서 징수해야 한다는 것을 말한다. 즉, 세금 징수도 좋지만, 기왕이면 경제를 위축시키지 않고 경제에 활력을 불어넣는 세금이 좋다는 것이다. 그리고 세무행정상의 원칙이란 세제가 납세자들이 쉽게 이해하고 징수도 편리하며 부정부패의 개연성도 적어야 한다는 것을 뜻한다. 세금체계가 쉽게 이해할 수 있을 정도로 단순해야 자의성이 개입할 여지가 없어지고, 납세업무도 효율화될 수 있다.[1]

---

1) PART 5는 남기업(2010, 86~89; 2012a, 118~132)의 내용을 수정·보완했음을 밝힌다.

01

공평의 원칙을 통한 비교

공평의 원칙에는 편익원칙(benefits principle)과 능력원칙(ability-to-pay principle)이 있는데, 여기서 편익원칙이란 정부나 사회로부터 혜택을 받는 만큼 납부해야 한다는 것을 말하고, 능력원칙이란 세금부담 능력에 따라 세금규모가 결정되어야 한다는 것을 뜻한다. 그러나 두 가지 원칙 중에 우선적으로 적용되어야 할 원칙은 편익원칙이다. 왜냐하면 불로소득이 편익원칙의 검토대상에 포함되는 반면에 능력원칙에는 해당되지 않기 때문이다. 불로소득 얻는 것을 '능력'이라고 보는 것은 무엇보다도 정의의 원리에 맞지 않는다. 필자는 공평의 원칙에 관한 수많은 설명들이 혼선을 보이는 까닭 중에 하나가 편익원칙을 우선적으로 적용하지 않기 때문으로 본다. 물론 '편익원칙 → 능력원칙' 순으로 평가를 한다고 해도 모호함이 완전히 해소되는 것은 아니지만 그래도 편익원칙을 우선적 잣대로 삼게 되면 공평의 원칙에 가장 잘 부합하는 세금이 어떤 것인지는 구별해낼 수 있다. 이런 관점에서 각 세금을 평가하면 다음과 같다.

우선 토지세는 편익원칙에 잘 부합한다. 밀(Mill, John Stuart)이 말했듯이 토지가치는 토지소유자의 노력이 아닌 도로나 학교 등의 정부의 인프라 설치에 의해서, 그리고 사회 공동체에 의해서 형성되는 것이고, 그러므로 토지소유자는 사회로부터 '지대'라는 서비스를 제공받는 것이기 때문에, 다른 말로 하면 그 혜택을 사유화하는 것은 불로소득이기 때문에[2] 그에 상응하는 만큼 세금을 지불하는 것은 그 자체로 정의롭고 공평하다고 할 수 있다.

소득세·법인세·부가세도 편익원칙에 부합하는 측면이 있다. 왜냐하면 정부의 치안이나 국방이 주는 혜택은 소득이 많을수록 더 크다고 할 수 있기 때문이다. 하지만 이 세금들이 토지세만큼 편익원칙에 부합한다고 보기 어려운 것은, 토지세는 기본적으로 누구도 부인할 수 없는 '불로소득'에 과세하는 것이기 때문이다. 즉 개인소득이나 법인소득 자체는 개인과 법인이 노력한 대가이지만, 토지가치 자체는 토지소유자가 노력한 결과가 아니라는 것이다.

다음으로 능력원칙을 살펴보자. 능력원칙에는 세금부담 능력이 큰 사람이 더 많은 세금을 내야 한다는 수직적 공평성(vertical equity)과 세금부담 능력이 비슷한 사람들은 비슷한 세금을 내

---

2) 밀(Mill, John Stuart)은 토지를 통해서 이익을 얻는 것은 불로소득이라는 점을 다음과 같이 분명히 지적했다.
   "지주들은 일하지 않고도, 위험을 감수하지 않고도, 혹은 절약하지 않고도 잠자는 가운데도 더 부유해진다. 전 사회의 노력으로부터 발생하는 토지가치의 증가분은 사회에 귀속되어야 하며 소유권을 갖고 있는 개인에게 귀속되어서는 안 된다"(이정전 외 2005, 97에서 재인용).

야 한다는 수평적 공평성(horizontal equity)이 있다. 소득세와 법인세와 부가세에 대한 증세가 이러한 능력원칙에 부합하는 면이 있기는 하지만 여기에는 난점이 존재한다. 예를 들어 소득이 같은 두 사람이 있는데, 한 사람은 부양가족이 3명이나 되고 또 다른 사람은 독신이라고 해 보자. 이럴 때 부가세는 매우 불공평하다. 가족이 4명인 사람은 자기 가족에 필요한 식품, 옷 등에 대한 세금을 부담하는 반면 독신인 사람은 자기 혼자 소비하는 물자에 대한 세금만 물면 되기 때문이다(George 1997, 405~406). 이것은 소득세와 법인세에도 마찬가지이다. 한 사람의 소득은 여러 가족의 생활비로 사용되는 반면, 독신의 경우에는 한 사람의 생활비로만 사용되기 때문이다.

이상을 요약해보면 공평의 원칙에 가장 잘 부합하는 세금은 토지세이고 그다음이 소득세와 법인세, 그리고 마지막이 부가세이다. 그러므로 공평의 원칙에 부합하는 순서는 토지세를 비롯한 소득세와 법인세, 부가세 모두를 강화하자는 <증세>, 토지세를 강화하는 대신 다른 세금을 감면하자는 <개혁>, 그리고 모든 세금을 감면하자는 <감세>라고 할 수 있다.

02

경제성의 원칙을 통한 비교

경제성의 원칙은 PART 4에서 검토한 효율성 검토와 상당부분 겹치기 때문에, 아래에서는 각각의 전략이 각 경제주체에 어떤 영향을 주는지를 검토하는 것으로 대체하고자 한다.

먼저 예상했던 대로 <개혁>은 경제성의 원칙에 가장 잘 부합한다고 할 수 있다. <개혁>은 PART 4에서 다뤘듯이 토지세 징수 자체는 경제에 부담을 주는 것이 아니라 오히려 경제효율을 높이기까지 한다. 이와 관련해서 토지세의 효율성을 가장 잘 표현한 헨리 조지의 주장을 인용해본다.

> 토지가치에 대한 조세가 최선의 조세라는 사실은 너무나 명백하다. 공업에 과세하면 공업을 억제하는 효과가 생기고 토지개량물에 과세하면 토지개량을 줄이는 효과가 생기며 상업에 과세하면 교환을 막는 효과가 생기고 자본에 과세하면 자본투입을 방해하는 효과가 생긴다. 그러나 토지가치는 전액을 징수할 수 있으며 그 효과는 산업을 진흥하고 자본에 새로운 기회를 열어주며 부의 생산을 증대시키는 것으로 나타난다(George 1997, 401).

그뿐 아니라 <개혁>은 생산에 부담을 주는 다른 세금을 감면하기 때문에 경제성의 원칙에 훨씬 더 잘 부합한다.

반면에 <감세>는 경제성의 원칙에 부합하는 것도 있고, 그렇지 않은 면이 있다. 부합하는 면은 PART 4에서 다뤘듯이 생산에 부담을 주는 법인세, 소득세, 부가세를 감면한다는 것이고, 부합하지 않은 것은 토지세 감면이다. 많은 사람들이 <감세>가 경제성의 원칙에 가장 잘 부합한다는 생각을 하고 있기 때문에 아래에서는 토지세 감면이 여러 경제 주체를 비(非)생산적인 활동3)에 관심을 갖게 만드는 경로를 자세하게 살펴본다.

먼저 토지세 감세는 기업에게 토지투기를 통한 불로소득 추구에도 관심을 갖게 만든다. 토지세를 감면하면 기업은 토지소유에 대한 부담이 주는데, 거기에다 앞으로 그 토지를 통해서 더 많은 불로소득을 향유할 수 있다고 예상하게 되면 고용량과 산출량을 늘리는 생산적 투자보다 토지투기라는 '비생산적 투자'에 마음을 쏟게 된다. 기업의 입장에서는 기술개발해서 이익을 남기는 것보다 토지를 사놓고 기다리는 것이 훨씬 쉽고 안

---

3) 엄밀하게 말하면 모든 경제행위가 생산 활동은 아니다. 생산 활동이란 국부(國富)를 증가시키고 고용을 창출하는 행위다. 그런데 비(非)생산 활동은 아무리 열심히 일해도 국부를 증가시키지도 못하고 고용을 창출하지도 못하는데, 대표적인 것이 바로 토지투기이다. 기업과 가계가 아무리 열심히 토지투기를 한다고 해도 GDP는 증가하지 않는다. 다시 말해서 어떤 사람의 토지를 통한 이득은 다른 사람의 손해를 수반할 수밖에 없다는 것이다. 게다가 이런 토지 불로소득을 노리는 행위인 토지투기의 분위기가 시장 전체로 퍼져나가면 토지가격이 폭등하게 되어 기업의 생산 활동에 부담을 주고 토지를 소유하지 못한 자와 소유자 간의 격차가 벌어지며 사회 갈등도 심화되는 양상이 전개된다. 그리고 토지투기로 인한 거품이 꺼지면 금융기관이 마비되고 경제전체가 심각한 위기에 직면하기도 한다. 요컨대 토지투기는 비(非)생산 활동의 전형(典型)이다.

전하기 때문이다.

한편 토지세 감면은 투자 불균형을 낳기도 한다. 투자는 크게 설비투자와 건설투자로 나뉘는데, 한 나라가 정상적으로 성장하려면 설비투자와 건설투자가 균형을 이뤄야 한다. 그런데 토지세를 감면하게 되면 아무래도 토지투기가 일어날 확률이 높고, 따라서 투자 중에 토지 불로소득을 직접적으로 누릴 수 있는 건설투자에 치우치기가 쉬워진다. 쉽게 이야기해서 매입한 토지 위에 아파트를 짓는 건물건설과 토목사업을 하는 토목건설에 지나친 투자가 이뤄진다는 것이다. 토지투기가 일상화된 한국의 경우 2000년대 후반 GDP에서 투자가 차지하는 비중이 29%인데 거기에서 18%가 건설투자이고 나머지 11%가 설비투자다. 이런 건설투자의 규모는 선진국의 두 배 수준이고, 제조업이 발달한 독일과 일본의 1980년대 수준보다도 높은 편이다. 그리고 무엇보다도 선진국들이 건설투자와 설비투자가 균형을 이룬 것과 크게 대비된다(정대영 2011, 78~79). 요컨대, 토지세 감면은 투자 불균형을 낳아 경제구조를 왜곡시키는 데도 영향을 줄 수 있다.

이 지점에서 우리는 이명박 정부하에서 한국처럼 법인세를 감면했는데도 고용량과 산출량이 크게 늘어나지 않는 원인 중 하나를 발견하게 된다. 기업은 법인세 감면에도 영향을 받지만, 토지세 감면에도 영향을 받는 것이다. 개별 기업이 수익성과 안정성을 종합하여 투자 대상을 결정할 때 법인세 인하 효과보다 토지세 완화 효과가 더 크다고 평가하면 '생산적 투자'가 아니라 '비생산적 투기'를 하게 되는 것인데, 이것은 한마디로 말해서 법인세·소득세·부가세 감면의 긍정적 유인을 토지세 감면의 부정적 효과가 상쇄시키는 것이라 할 수 있다. 그렇지만 분명한 것은 기업이 토지투기, 즉 토지구입에 들어가는 거대한 자금은 아무런 생산적 역할을 하지 않는다는 점이다.

토지세 감면은 가계에게도 비생산적 투기에 관심을 갖도록 한다. 토지투기를 통해서 돈 버는 것이 직장생활하는 것보다 훨씬 쉽고 훨씬 큰돈을 벌 수 있기 때문이다. 직장생활해서 악착같이 벌어도 1년에 1,000만 원 모으기 어렵지만, 부동산 투기해서 제대로 한 방만 터트리면 몇 천, 심지어 몇 억 원 정도도 벌 수 있기 때문이다. 이렇기 때문에 '부동산'이 직장인들 사이의 주된 화젯거리가 되는 것이다.

물론 소득세, 법인세, 부가세 감면이 경제성의 원칙에 부합하는 것이 사실이기는 하다. 그러나 전술했던 것처럼 이것은 토지세 감면이 초래하는 비경제적 활동이라는 대가를 치러야 한다.

마지막으로 <증세>는 경제성의 원칙과 가장 거리가 멀다. 법인세와 소득세와 부가세가 경제성의 원칙에 맞지 않는다는 것은 이미 4장에서 검토한 바와 같다. 물론 징수한 세금으로 저소득층의 복지에 투입하여 '소비와 투자의 선순환'을 만들어내

면 증세가 초래한 부작용을 만회할 수도 있지만, 복지전달 과정
에서 발생하는 비효율과 조세 자체가 초래하는 초과부담(excess
burden)과 물가상승이라는 나쁜 결과는 피할 수 없다. 그리고
토지세 강화는 기업과 가계로 하여금 토지투기를 하지 않고 더
경제적 활동에 집중하도록 유도한다. 그러나 소득세와 법인세
도 같이 강화하기 때문에 토지세 증세 효과가 상쇄될 가능성도
존재한다.

이상에서 살펴본 것처럼 경제성의 원칙으로 각 전략을 비교
해보면 <개혁>이 가장 잘 부합함을 알 수 있다. <증세>는 소
득세, 법인세, 부가세 증세가 가계와 기업의 생산 활동에 부담
을 주고, <감세>는 토지세 감세가 가계와 기업으로 하여금 토
지투기라는 비(非)생산 활동에 관심을 같도록 유도하고 그것은
각종 사회경제적 문제를 초래하게 된다.

세무행정상의 원칙을 통한 비교

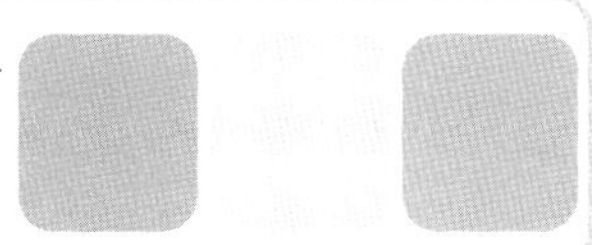

세무행정상의 원칙에 부합하는 방안은 <개혁>과 <감세>이다. 어째서 그런지 각 세금을 하나하나 검토해보자.

먼저 토지세는 이 원칙에 가장 잘 부합한다. 토지는 가격이 공시되어 있고, 어디에 숨길 수도 없기 때문에 확실하여 징수하는 인력만 있으면 되고, 세무 당국의 횡포와 부패, 납세자의 탈세와 사기의 가능성이 거의 없다. 이에 대해서 헨리 조지는 다음과 같이 말한다.

토지가치에 대한 조세는 재량 여지가 가장 적으며 최상의 확실성을 갖는 조세이다. 토지는 이동시킬 수도 없고 감출 수도 없는 만큼 토지에 대한 조세의 평가와 징수도 확정적이다. 토지세는 최후의 1센트까지 징수가 가능하다. 현재 토지평가가 불평등한 경우가 있지만 동산에 대한 평가는 훨씬 더 불평등하다. 또 토지평가의 불평등성은 주로, 토지와 토지개량물을 함께 과세한다는 점, 그리고 위에서 언급한 원인에 의한 부도덕성이 세제 전체에 영향을 준다는 점에 기인한다. 토지개량물을 제외한 순수토지의 가치에만 조세를 부과한다면, 조세체계가 단순하고 명확하게 될 뿐만 아니라 이 조세에 국민의 관심이 집중될 것이므로 당국의 과세액 평가도 일반 부동산 중개인이 거래가격을 매기는 것과 같은 정도의 확실성을 갖게 될 것이다(George 1997, 404~405).

이에 비해 소득세나 법인세, 부가세 등은 세금의 세무행정상의 원칙과 거리가 있다. 예컨대 소득세의 과세표준은 총수입에서 그 수입을 얻기 위해 지출하는 비용을 뺀 나머지인데 수입총액을 파악하는 것부터가 쉽지 않다. 특히 모든 지출액 중에서 어느 것이 '그 수입을 얻기 위해 지출된 비용'인지를 판별하는 것은 본인 스스로에게도 어려운 작업이며, 더구나 제3자인 세무당국이 이를 정확하게 판별하는 것은 불가능하다. 우리는 주위에서 개인사업자들이 지출을 늘려 잡기 위해서 사적으로 지출한 것도 회사 지출로 잡는 경우를 흔하게 본다.

소득세, 법인세, 부가세 등이 세무행정상에 어려움을 준다는 증거는 우리가 흔히 접하는 '고수입자영업자들의 세금탈루', 더 많은 세금을 거두기 위한 '지하경제 양성화'라는 말에서도 쉽게 추측할 수 있다. 고수입자영업자들의 세금탈루가 많다는 것은 그만큼 이들의 수입을 포착하기가 용이하지 않다는 것인데, 이것은 다른 말로 하면 조세의 확실성과 편리성이 떨어진다는 것이다. 이들의 소득을 파악하기 위해서 행정력이 동원되고 철저한 감시를 한다는 것은 그만큼 징수비용이 든다는 뜻이고, 따라서 관료 부패의 가능성은 상존한다는 의미이다.

이렇게 소득세, 법인세, 부가세 등이 세무행정상의 원칙과 거리가 있는 이유는 개인과 기업 간에 자연스럽게 이루어지는 거래에 의해서 발생하는 소득이 육안으로 확인하기가 어렵기 때문이다. 전산시스템을 동원할 수 있지만, 납세자에게 과세는 일종의 벌금이기 때문에, 즉, 벌금을 물고 싶어 하지 않기 때문에 절세나 탈세를 감행할 생각을 하기 쉽고, 이를 차단하기 위한 행정비용은 발생할 수밖에 없다.

이렇게 보면 세무행정상의 원칙에 부합하는 순서는 <감세>, <개혁>, <증세> 순이라고 할 수 있다.

04

소결: 조세원칙에 가장 잘 부합하는 <개혁>

이상에서 살펴보았듯이 <개혁>이 공평의 원칙, 경제성의 원칙, 세무행정상의 원칙에 가장 잘 부합한다. <개혁>은 <증세> 다음으로 공평의 원칙에 부합하고, PART 4에서 다뤘듯이 경제에 부담을 주지 않을 뿐만 아니라 오히려 경제 활성화에 도움이 되고, 세금의 확실성과 편리성 면에서, 즉 세무행정상으로도 간편하다. 이것은 아마도 <개혁>이 인간의 상식에 가장 잘 부합하는 소유권 원칙에 입각해 있기 때문일 것이다. 개인이 노력한 것을 개인의 것으로 하고, 사회가 생산한 것을 공공이 환수하는 것이 자연스럽듯이 그것이 조세원칙에도 부합하는 것이다.

반면에 <증세>와 <감세>는 한두 가지씩 문제를 낳는다. <증세>는 공평의 원칙에는 잘 부합하나 경제성의 원칙과 세무행정상의 원칙에 부합하지 않고, <감세>는 세무행정상의 원칙에는 부합하나, 공평의 원칙과 의외로 경제성의 원칙과도 거리가 멀다. 특히 <감세>는 가계와 기업이 토지투기라는 비생산 활동을 유도하기까지 한다. 지금까지 논의를 요약하면 <표

5-1>로 정리할 수 있다.

<표 5-1> 조세원칙을 통한 각 세제전략 비교

지표	<증세>	<감세>	<개혁>
공평의 원칙	○	×	△
경제성의 원칙	×	△	○
세무행정상의 원칙	×	○	○

주: ○: 충족 정도 높음, △: 충족 정도 보통, ×: 충족 정도 낮음

PART 6
패키지형 세제개혁 디자인

01

<개혁> 시나리오의 기본 전제

PART 6에서는 <개혁>을 구체적으로 디자인하되, 앞의 논의와 결합시킨다는 의미에서, 그리고 한편으로는 현실 적용가능성을 높이기 위해서 보수와 진보 두 가지 시나리오를 제시하려고 한다. 먼저 두 가지 시나리오 모두에 적용되는 기본원칙부터 제시하면 다음과 같다.

첫 번째 원칙은 세금을 건물이 아니라 토지에 집중시키기. 여기에는 두 가지 이유가 있다. 하나는 불로소득은 건물이 아니라 토지에서 발생하는 것이기 때문이다. 또 다른 하나는 건물에까지 세금을 부과하면 건물을 짓는 생산 활동이 위축되기 때문이다. 따라서 현행 부동산세는 토지세는 올리면서 건물세는 낮추고 결국에는 폐지하는 방향으로 개혁해야 한다.

두 번째 원칙은 거래가 아니라 보유에 세금을 부과하기. 거래세는 거래를 위축시키는 반(反)시장적인 세금이고 보유세는 거래를 방해하지 않고 오히려 거래를 촉진하는 시장 친화적인 세금이다. 따라서 거래세(현재는 '취득세')는 보유세를 강화하면서 낮추고 폐지하는 방향으로 개혁해야 한다.

세 번째는 토지보유세의 과세표준을 지가(land price)에서 지대(land rent)로 변경하기. 앞서 설명했듯이 우리에게 익숙한 지가는 사실 매우 불안정한 개념이다. 지가는 미래에 사유화할 수 있는 지대를 현재 가치로 할인해서 더한 것인데, 할인할 때 이자율을 사용하기 때문에 현재 토지의 사용가치인 지대에는 변화가 없음에도 이자율이 변동하면 지가는 따라서 바뀐다. 또한 인간의 미래 예측 가능성이 한계가 있기 때문에, 지가는 사람들의 막연한 기대에 의존하는 경향이 크다. 가령 어떤 지역의 개발계획이 발표되면 지대엔 변동이 없는데도 지가가 폭등하는 것을 우리는 종종 경험한다. 또 그린벨트 지역은 어떤가? 실제 지대는 형편없이 낮은데도 지가는 개발에 대한 기대 때문에 크게 올라 있다. 농지도 마찬가지다. 농지의 현실 지대는 상당히 낮지만, 지가는 용도 변경에 대한 기대 때문에 엄청 비싸다. 이렇게 지대와 지가 사이의 엄청난 괴리가 있기 때문에 거품이 잔뜩 낀 지가를 과세표준으로 삼게 되면, 그 땅을 이용해도 수입이 별로 없는데 토지보유세를 많이 내야 하는 불공평이 생긴다. 이런 불공평을 시정하여다 보니까 우리나라의 보유세 체계가 지금처럼 복잡해진 것이다. 따라서 당해 연도의 토지가치를 나타내는 지대를 과세표준으로 하는 것이 공평하고 합리적이고 안정적이며 세금체계도 매우 간소화될 수 있다. 이를 위해서는 공시지가를 매년 평가해서 발표하듯이 공시지대도 평가·발표해야 한다.

마지막은 토지세를 강화하는 만큼 부가세·소득세·법인세 감면하기. 여기에서는 토지세 강화분만큼 형평성과 효율성 모두를 저하시키는 부가세를 50%, 나머지 50%는 형평성은 높이되 효율성은 낮추는 소득세와 법인세를 감면하는 것으로 한다. 다시 말해서 토지세가 10만큼 증가하면 부가세는 5를 감면하고, 소득세와 법인세는 각각 2.5씩 감면한다는 것이다.

다음으로 보수와 진보 시나리오에 적용할 기본가정을 밝히면 다음과 같다. 먼저는 연간지대상승률을 5%로 가정하고 2013년에 대한민국 전체 지가는 4,000조 원, 지대는 185조 원으로 가정한다. 통계청이 발표한 2010년 전체지가는 3,568조 원이고 지가에서 지대를 산출하는 방법으로 한국감정평가협회가 정한 <토지보상평가지침> 제49조 제4항에 나오는 적산법을 통해서 지대를 추산하면 2010년 지대는 158.3조 원가량 된다.[1] 여기에 연간지대상승률을 5%를 적용하면 2013년 연간지대는 183.3조 원이 되는데, 계산의 편리함을 위해서 2013년도 지대를 185조 원, 지가는 4,000조 원으로 가정했다. 또한 필자는 경제성장률을 5%로 연간지대상승률을 5%로 가정했는데, 저성장 시대에 5%가 비현실적이라고 할 수 있지만, 이것은 어디까지나 시나리

---

[1] 앞서 언급했듯이 현재 한국에서 공시지대는 발표하지 않고 있기 때문에 지가를 통해서 지대를 산출할 수밖에 없다.

오이고 성장률을 낮추어도 결과는 같게 나온다. 왜냐하면 조세부담률, '토지세/GDP' 등은 모두 '비율'이기 때문이다. 즉, 성장률은 분모와 분자 모두에 똑같이 영향을 받는다는 것이다. 그리고 2013년의 GDP 대비 부동산세(보유세＋거래세)를 2.3%, GDP 대비 부가세, 소득세, 법인세를 각각 4.3%, 3.3%, 3.5%로 가정했는데, 이는 2007년부터 2010년 동안 각 GDP 대비 각 세금에 대한 비율의 평균이다. 이것을 표로 정리하면 다음과 같다.

<표 6-1> 시나리오의 기본 가정

(단위: 조 원, %)

경제 성장률	연간지대 상승률	2013년 초 지가, 지대, GDP 대비 주요 세금 비율					
		지가	지대	부동산세[1]	부가세	소득세	법인세
5	5	4,000	185	2.3	4.3	3.3	3.5

주: 1) 부동산세는 거래세(취득세)와 보유세의 합이고, 보유세에는 건물분보유세와 토지분보유세가 합쳐져 있음.

02

보수의 <개혁> 시나리오와 시뮬레이션 결과

보수의 <개혁> 전략에서 토지세는 앞서 2장에서 다뤘던 노직의 논의를 통해서 도출한 결론대로 현재지가를 고정하는 것으로 하였다. 따라서 이것은 아무리 사유재산권을 옹호하는 자라 할지라도 부정할 수 없다. 과거 참여정부 시기 종합부동산세에 대한 비판 중에 하나가 '원본 잠식'이었는데, 지대에서 현행지가의 이자를 공제하는 지대이자차액세제를 도입하면 원본 잠식에 대한 우려는 사라진다.

그렇다면 다른 세금은 어떻게 하는 것이 보수의 <개혁> 전략에 적합할까? 결국 관건은 조세부담률을 어느 정도로 할 것인가에 달려 있는데, 필자는 보수의 조세부담률을 2010년처럼 19.3%로 하려고 한다. 현재 보수의 기본 방향은 "세수중립", 즉 전체 세수를 더 늘리지 않는 것에 대체로 동의하기 때문이다.[2] 이것을 종합하면 보수의 <개혁> 전략은 토지세를 강화하는

---

[2] 한국의 대표적인 보수적 재정학자 중 한 사람인 곽태원(2008, 52)은 세제개혁의 원칙 중 하나로 "세수중립적인 세제개혁"을 제시했다.

'만큼' 부가세, 소득세, 법인세를 감면하는 것이다. <표 6-2>는 보수의 <개혁> 시뮬레이션 결과다.

<표 6-2> 보수의 <개혁> 시뮬레이션 결과

(단위: 조 원, %)

연도	지대	지가	지가의 이자	토지 세액	지대환 수율	GDP 추이	조세부 담률	토지세 /GDP	부가세 /GDP	소득세 /GDP	법인세 /GDP
2013	185	4000	200	0.0	0.0	1338.0	19.3	0.0	4.3	3.3	3.5
2014	194.3	4000	200	0.0	0.0	1404.9	19.3	0.0	4.3	3.3	3.5
2015	204.0	4000	200	4.0	1.9	1475.2	19.3	0.3	4.3	3.3	3.5
2016	214.2	4000	200	14.2	6.6	1548.9	19.3	0.9	4.3	3.3	3.5
2017	224.9	4000	200	24.9	11.1	1626.4	19.3	1.5	4.3	3.3	3.5
2018	236.1	4000	200	36.1	15.3	1707.7	19.3	2.1	4.3	3.3	3.5
2019	247.9	4000	200	47.9	19.3	1793.1	19.3	2.7	4.1	3.2	3.4
2020	260.3	4000	200	60.3	23.2	1882.7	19.3	3.2	3.9	3.1	3.3
2021	273.3	4000	200	73.3	26.8	1976.8	19.3	3.7	3.6	3.0	3.2
2022	287.0	4000	200	87.0	30.3	2075.7	19.3	4.2	3.4	2.8	3.0
2023	301.4	4000	200	101.4	33.6	2179.5	19.3	4.7	3.1	2.7	2.9
2024	316.4	4000	200	116.4	36.8	2288.4	19.3	5.1	2.9	2.6	2.8
2025	332.2	4000	200	132.2	39.8	2402.9	19.3	5.5	2.7	2.5	2.7
2026	348.9	4000	200	148.9	42.7	2523.0	19.3	5.9	2.5	2.4	2.6
2027	366.3	4000	200	166.3	45.4	2649.2	19.3	6.3	2.3	2.3	2.5
2028	384.6	4000	200	184.6	48.0	2781.6	19.3	6.6	2.1	2.2	2.4
2029	403.8	4000	200	203.8	50.5	2920.7	19.3	7.0	2.0	2.1	2.3
2030	424.0	4000	200	224.0	52.8	3066.7	19.3	7.3	1.8	2.1	2.3
2031	445.2	4000	200	245.2	55.1	3220.1	19.3	7.6	1.6	2.0	2.2
2032	467.5	4000	200	267.5	57.2	3381.1	19.3	7.9	1.5	1.9	2.1

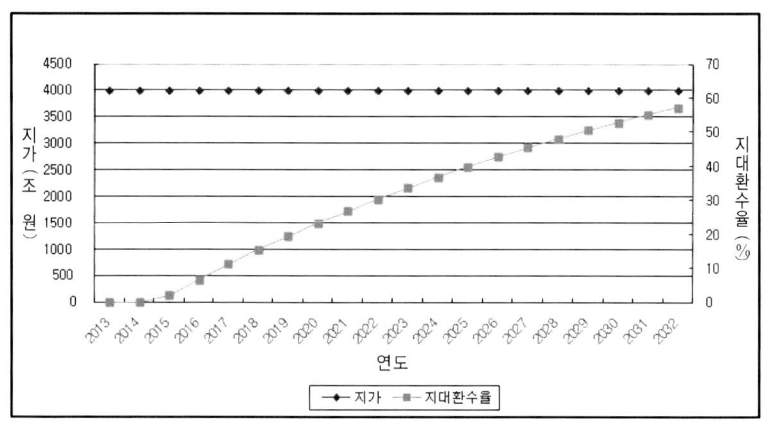

<그림 6-1> 보수의 <개혁>에서 지가와 지대환수율의 관계 추이

<표 6-2>를 보면 2013년부터 지가는 4,000조 원으로 고정되어 있고 지대환수는 2년이 지난 2015년부터 시작되는데, 이는 2014년까지는 지가의 이자가 지대보다 높기 때문이다. 하지만 지대는 계속 증가하기 때문에 지대환수율이 2015년 1.9%로 시작해서 2032년이 되면 지대의 약 57%를 환수할 수 있게 되는데, 이 증가추세는 계속 될 것이다(<그림 6-1> 참조). 또한 <표 6-2>를 보면 <개혁>이 두 단계로 진행되는 것을 보여준다. 첫 번째는 부동산세를 토지세 중심으로 개편하는 단계다. 즉, GDP 대비 토지세 비율이 2.3%를 넘는 시점인 2018년까지 건물분 보유세와 거래세를 토지세로 이전시키는 것이다. 두 번째 단계는 토지세를 계속 강화하면서 기타세금을 감면하는 것인데, 이것은 <표 6-2>에 볼 수 있듯이 2019년 부터 진행된다.

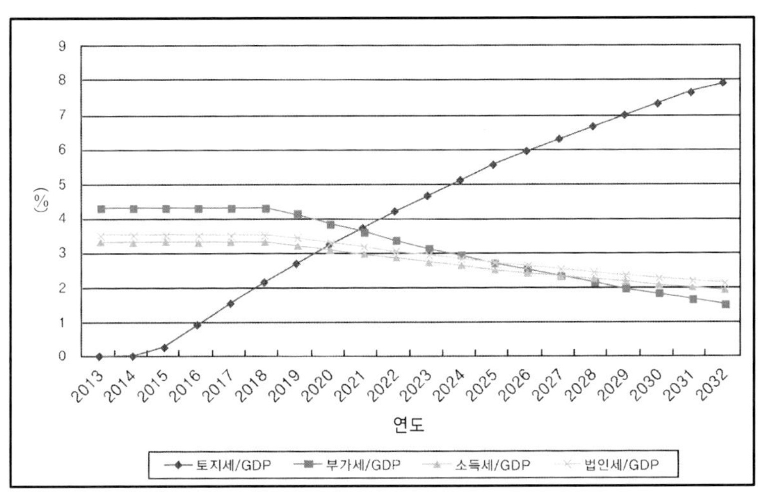

<그림 6-2> 보수의 <개혁>에서 GDP 대비 토지세와 기타세금의 비율 추이

그리고 GDP에서 토지세와 부가세, 소득세, 법인세의 변화를 살펴보면 GDP에서 차지하는 비중이 부가세는 4.3%에서 1.5%로, 소득세는 3.3%에서 1.8%로, 법인세는 3.5%에서 2.1%로 줄어드는 대신에, 토지세는 0%에서 7.9%로 증가하는 것을 볼 수 있다. 물론 기간을 더 연장하면 기타 세금의 감면비율은 더 높아질 것이다. <그림 6-2>는 그것을 한눈에 보여주고 있다. <그림 6-2>에서 부가세의 비중이 소득세와 법인세의 비중보다 급격하게 떨어지는 이유는 토지세를 강화하는 것만큼 효율성과 형평성 측면에서 가장 부정적인 부가세를 50% 낮추고 소득세와 법인세는 각각 25%씩 감면하기 때문이다.

03

진보의 <개혁> 시나리오와 시뮬레이션 결과

앞서 살펴보았듯이 진보의 대표적인 사상가인 롤스의 계약 상황에 토지 소유권을 집어넣으면 지대 100% 환수가 도출됨을 보였는데, 그렇다면 진보의 입장에서 <개혁> 시나리오를 구체적으로 어떻게 세울 수 있을까? 여기서 중요한 것은 지대 100% 환수를 달성하는 방법과 속도 그리고 기타 세금의 징수 정도, 즉 GDP에서 전체 세금이 차지하는 정도를 의미하는 조세부담률이라고 할 수 있다. 필자는 진보의 <개혁>을 지대 100% 환수 기간을 20년, 그러니까 2013년부터 2032년까지 매년 5%씩 증가시키는 것으로 하고, 조세부담률의 목표를 OECD 평균인 25%로 하려고 한다.

조세부담률을 이렇게 높이는 이유는 노력소득이라고 하더라도 누진적으로 과세하는 것이 공평의 원리에 부합하기 때문이기도 하고, 롤스가 말했듯이 개인의 능력도 상당부분 운에 기인하기 때문이다. 자기소유권을 부정하는 롤스는, 개인의 능력에는 개인의 순수한 노력이나 선택과 무관한 유전적 요인이나 환경적 요인이 크게 영향을 미친다고 보는데, 이런 시각에서 보면 노력소득의 상당부분도 공유의 대상이 될 수 있고, 따라서 누진도가 강한 세금이 옹호될 수밖에 없다. 하지만 4장에서 잠깐 언급했고 6장에서 증명되듯이 지대를 100% 환수하면 롤스가 중시 여기는 '평등한 자유'의 가능성은 크게 제고되고, 고려해야 할 최소수혜자의 수는 크게 줄어들기 때문에 재분배의 필요성은 줄어든다. 다시 말해서 롤스의 사상에 토대를 둠에도 불구하고 조세부담률을 덴마크(46.6%)와 스웨덴(34.1%)이 아니라 OECD 평균으로 정한 까닭은 지대 100%를 환수하여 토지문제를 완전히 해소하면 조세부담률을 높일 필요가 현저히 줄어든다고 보기 때문이다. 오늘날 한국사회에서 진보가 조세부담률을 획기적으로 높여야 한다고 주장하는 이유는 조세부담률을 높이는 것이 좋아서가 아니라, 정부 재정으로 커버해야 할 복지수요가 거대하다고 보기 때문이다. 그러나 앞서 다뤘듯이 토지문제가 초래한 복지수요가 해소되면 조세부담률을 높일 필요는 크게 줄어든다. 이런 이유로 진보의 <개혁> 시나리오는 우선적으로 현재 부동산에 부과되는 세금을 토지세 중심으로 강화하다가 조세부담률이 25%를 초과할 시점부터 부가세, 소득세, 법인세의 감면을 시작하는 것으로 한다.[3]

---

3) 참고로 한국 사회에서 복지국가를 주창하는 대표적인 진보 시민단체인 '복지국가소사이어티'가 제시하는 조세부담률 목표는 OECD 평균인 25%이다(이상이 2011).

이와 같은 관점에서 진보의 <개혁> 시뮬레이션 결과는 <표 6-3>과 같다.

<표 6-3> 진보의 <개혁> 시뮬레이션 결과

(단위: 조 원, %)

연도	지대	지대 환수율	토지 세액	지가	GDP 추이	조세부 담률	토지세 /GDP	부가세 /GDP	소득세 /GDP	법인세 /GDP
2013	185.0	5	9.3	1757.5	1338.0	19.3	0.7	4.3	3.3	3.5
2014	194.3	10	19.4	1660.8	1404.9	19.3	1.4	4.3	3.3	3.5
2015	204.0	15	30.6	1560.3	1475.2	19.3	2.1	4.3	3.3	3.5
2016	214.2	20	42.8	1456.3	1548.9	19.8	2.8	4.3	3.3	3.5
2017	224.9	25	56.2	1349.2	1626.4	20.5	3.5	4.3	3.3	3.5
2018	236.1	30	70.8	1239.6	1707.7	21.2	4.2	4.3	3.3	3.5
2019	247.9	35	86.8	1128.0	1793.1	21.8	4.8	4.3	3.3	3.5
2020	260.3	40	104.1	1015.2	1882.7	22.5	5.5	4.3	3.3	3.5
2021	273.3	45	123.0	902.0	1976.8	23.2	6.2	4.3	3.3	3.5
2022	287.0	50	143.5	789.2	2075.7	23.9	6.9	4.3	3.3	3.5
2023	301.4	55	165.7	678.0	2179.5	24.6	7.6	4.3	3.3	3.5
2024	316.4	60	189.9	569.5	2288.4	25.0	8.3	4.2	3.2	3.4
2025	332.2	65	216.0	465.1	2402.9	25.0	9.0	3.8	3.1	3.3
2026	348.9	70	244.2	366.3	2523.0	25.0	9.7	3.5	2.9	3.1
2027	366.3	75	274.7	274.7	2649.2	25.0	10.4	3.1	2.7	2.9
2028	384.6	80	307.7	192.3	2781.6	25.0	11.1	2.8	1.8	2.0
2029	403.8	85	343.3	121.2	2920.7	25.0	11.8	2.4	1.4	1.6
2030	424.0	90	381.6	63.6	3066.7	25.0	12.4	2.1	1.1	1.3
2031	445.2	95	423.0	22.3	3220.1	25.0	13.1	1.7	0.7	0.9
2032	467.5	100	467.5	0.0	3381.1	25.0	13.8	1.4	0.4	0.6

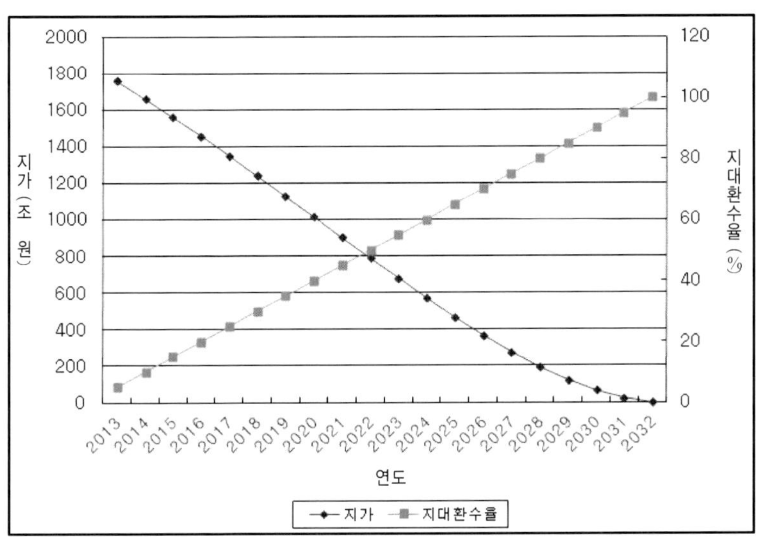

<그림 6-3> 진보의 <개혁>에서 지가와 지대환수율의 관계 추이

<표 6-3>에서 볼 수 있는 것처럼 <개혁> 실시 시점인 2013년에 토지가격이 절반 이하로 떨어지게 되는데, 이것은 지가가 가진 특성 때문이다. 지가는 미래에 발생할 지대 중에서 토지소유자가 가져갈 수 있는 지대부분을 합한 것인데, 지대환수율을 계속 높이면 결국 개인이 가져갈 수 있는 부분이 점차적으로 줄어들기 때문에, 지대를 100%로 환수하는 2032년에 가서는 지가가 '0'이 된다. 요컨대 지대환수율과 지가는 정확히 반비례하는 것이다(<그림 6-3> 참조).[4]

---

4) 물론 지가는 지대환수율뿐만 아니라 이자율에도 영향을 받는데, 여기서는 이자율은 상수로 가정했다.

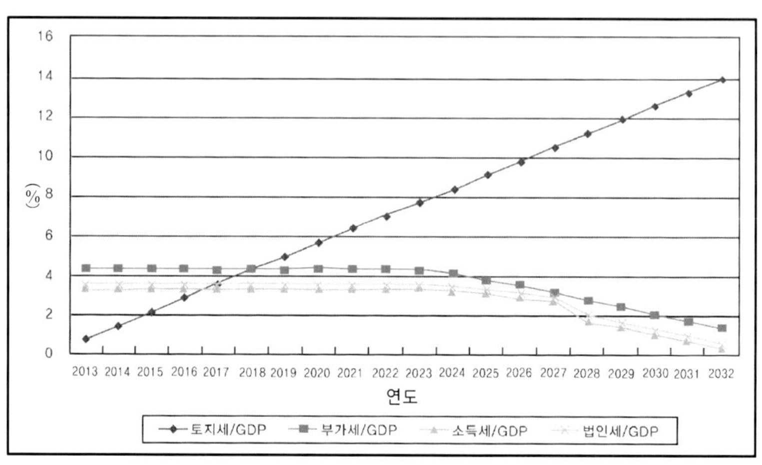

<그림 6-4> 진보의 <개혁>에서 GDP 대비 토지세와 기타세금의 비율 추이

또한 <표 6-3>을 보면 두 단계로 <개혁>이 진행됨을 알 수 있다. 첫 번째 단계에서는 거래세와 건물분 보유세가 포함된 부동산세를 2016년까지 토지세 중심으로 개편하는 것이고, 조세부담률 25%가 되는 2024년부터는 부가세·소득세·법인세를 감면하는 것이다. 2024년부터 부가세·소득세·법인세를 감면하여 GDP 대비 부가세는 4.5%에서 2032년 1.4%로 줄어들고, 소득세는 3.3%에서 0.4%로 줄어들며, 법인세는 3.5%에서 0.6%로 줄어드는 반면에, 토지세는 0.7%에서 13.8%로, 즉 20배 늘어나는 것으로 나타난다(<그림 6-4>참조). 여기에서 우리는 조세부담률의 목표치를 낮추면 기타세금의 감면 시기를 더 앞당길 수 있고, 지대환수율의 속도를 좀 더 빠르게 하면 기타세금을 더 많이 감면할 수 있다는 것을 알 수 있다. 이것은 진보가

항상 비판받는 점, 즉 소득세와 법인세 증세를 통한 조세부담률 제고는 노동과 자본에 대한 투입을 억제하고 자본과 노동의 이동이 점점 자유로워지는 국제적 흐름에 맞지 않다는 비판을 극복할 수 있게 해준다는 면에서 큰 의의가 크다고 할 수 있다.

PART 7

패키지형 세제개혁의 예상 효과

01

분배에 관한 효과

<개혁>은 분배 상태를 개선하는 데 큰 도움이 된다. 먼저 <개혁>은 토지로 인해서 발생하는 불평등을 완전히 해결한다. 물론 그 정도의 차이에 있어서 지대를 100% 환수하는 진보의 <개혁>이 더 뚜렷한 효과를 내겠지만, 보수의 방안도 시간의 차이가 있을 뿐이지 결과적으로 거의 유사할 것으로 예상된다. 이러한 분배개선효과를 주택 측면, 기업 측면, 일자리 측면에서 살펴보자.

먼저 <개혁>은 지가가 경향적으로 하락하거나 고정됨으로 주택가격의 하향 안정화를 가져올 텐데, 이것은 하위계층의 주거비를 낮춰서 결과적으로 실질수득을 향상시키는 데 기여한다. 다시 말해서 <개혁>은 하위계층의 주택구입 목적의 대출로 발생하는 금융비용과 주택구입을 목적으로 하는 과도한 저축 부담을 크게 줄일 수 있다는 것이다. 반면에 <개혁>으로 인한 토지가격과 주택가격의 경향적 하락은 고급주택이나 다주택보유자들, 한마디로 말해서 상위계층의 실질소득 하락이라는

결과를 낳을 것인데, 결과적으로 이렇게 되면 분배 상태는 개선된다.

두 번째로 기업 측면에서 보면 <개혁>은 토지를 과다하게 보유하고 있는 재벌 및 대기업에게는 지가가 하락할 뿐만 아니라 부담해야 할 토지세가 늘기 때문에 매우 불리하고, 토지를 별로 소유하고 있지 않거나 임대해서 쓰는 중소기업이나 신규기업에게는 매우 유리한데, 바로 이런 메커니즘의 작동이 분배 상태를 개선하는 데도 큰 도움이 될 것이다. 사실 대기업과 재벌의 이윤에는 귀속지대(imputed rent)[1]와 토지 매매차익도 상당히 포함되어 있을 텐데, <개혁>이 실시되면 대기업은 이런 이익을 향유하기가 힘들어질 뿐만 아니라 거기에다가 점증하는 토지세도 부담해야 한다. 물론 법인세 감면이 있지만, 그 부분보다 토지세 증가분이 더 큰 경우가 대부분일 것이다. 반면에 중소규모의 토지를 소유하거나 임대해서 쓰는 중소기업 혹은 신규기업은 토지세 증가보다 법인세 감면 혜택이 훨씬 클 것이고, 무엇보다 새로운 사업영역으로의 진출 시 겪어야 했던 고지가(高地價)로 인한 애로사항은 크게 줄어들 것이다. 이렇게 되면 <개혁>이 중소기업과 대기업의 격차를 줄이는 데 크게 도움이 되어 결과적으로 분배 상태를 개선할 수 있을 것이다.

마지막으로 <개혁>은 경제를 확장시켜서 일자리를 증가시

---

1) '귀속지대'란 토지소유자 자신이 자기 토지를 이용하는 경우에 스스로에게 귀속되는 지대를 의미한다.

키는데, 이것은 실업의 위험에 노출되기 쉬운 하위계층의 소득 수준 개선에 크게 기여할 것이다. 이렇게 되면 분배 상태는 더욱 개선될 것이다.

이와 관련해서 남기업·최기환·성승현(2012)의 연구는 눈여겨볼 만하다. 이 연구는 "세수중립"이라는 전제하에 토지세를 강화한 만큼 소득세, 법인세, 간접세 등을 감면했을 때 소득분배 상태가 어떻게 변화하는지를 아래와 같은 4개의 시나리오를 세우고 모의실험을 거쳤는데, 예상대로 모두 소득분배가 개선되는 것으로 나왔다.

<표 7-1> 각 시나리오의 세부내용과 지니계수 변화

(단위: %)

시나리오	내용	지니계수 변화
시나리오 1	토지세율을 현행의 2배로 인상시키고, 근로관련 소득세 인하	0.20
시나리오 2	토지세율을 현행의 2배로 인상시키고, 법인세율을 인하	0.36
시나리오 3	토지세율을 현행의 2배로 인상시키고, 간접세율을 인하	0.48
시나리오 4	토지세율을 현행의 2배로 인상시키고, 법인세, 간접세, 근로관련 소득세 인하	0.35

하지만 위의 연구가 가정한 것이 토지세의 중립성, 즉 토지세는 경제에 어떤 영향도 주지 않는다는 전제하에 CGE모형을 세

운 것임을 감안할 필요가 있다. 여기에 토지세가 경제효율을 더 높일 수 있다는 사실과, 필자가 제시하는 방식, 즉 토지가치의 완전 공유를 목표로 토지세를 강화하는 것을 고려하면 실제 소득분배 개선의 효과는 훨씬 크게 나타날 것이다.

결론적으로 <개혁>은 토지문제가 초래한 분배악화를 시정하는데, 토지가 사회경제에 미치는 영향이 크다는 것을 생각하면 그 정도는 상당할 것이라고 예상할 수 있다.

02

성장에 관한 효과

성장은 경제가 확장되는 것을 의미하는데, 이것을 그래프로 말하면 총수요곡선과 총공급곡선이 우상향하는 것을 뜻한다. 이렇게 경제가 자연스럽게 확장되어야 인플레이션이 없는 성장이 가능해진다. 그러면 <개혁>이 총수요와 총공급에 미치는 효과를 나누어서 살펴보도록 하자.

먼저 총수요 측면을 살펴보자. 위와 같이 <개혁>을 단행하게 되면 투자수요가 자연스럽게 증가한다. PART 4에서 다뤘듯이 토지세를 강화하면 토지의 효율적 이용도는 증가하게 되는데, 이것은 토지가 투기의 대상이 아니라 생산 활동의 대상이 된다는 것을 의미한다. 토지 위에 건물을 짓거나 더 많은 이익을 얻기 위한 투자가 자연스럽게 증가하는 것이다.[2] 또한 토지세 강화는 땅값을 낮춰 신규기업의 시장진출을 용이하게 하는

---

[2] 대표적인 예로 미국의 피츠버그 시에서는 1979년부터 부동산보유세에서 토지분 보유세를 올리고 건물분 보유세를 내리는 조치를 단행했는데, 이런 정책은 피츠버그 경제에 큰 활력을 불어넣었다. 이 정책을 단행한 이후부터 피츠버그 시는 다른 도시들보다 건축 활동이 크게 활발해졌다.

데, 이것 역시 투자수요 증대에 크게 도움이 될 것이다. 그뿐 아니라 토지세 강화는 앞에서 말했듯이 주택 가격이 경향적으로 하락하기 때문에, 그리고 소득분배가 개선되기 때문에 가계의 소비수요도 증가시킨다. 그리고 법인세 감면은 법인의 예상 수익이 증가하여 더 많은 투자를 유도하고,[3] 소득세 감면은 소비수요 증가를[4] 낳을 것이다.

그런데 여기서 한 가지 재미있는 것은 토지세 강화를 통해서 토지 불로소득을 더 많이 환수하면 기존 토지과다보유자들, 즉 상위계층의 소득은 줄어들고 토지에 짓눌렸던 하위계층의 소득은 높아지게 되는데, 이것이 바로 나라경제를 건강하게 하는 데 도움이 된다는 점이다. 잘 알려진 것처럼 토지를 과다보유하고 있는 상위계층은 국민경제와 무관한 소비를 하는 경우가 많다. 즉, 소득의 상당한 부분을 해외 명품 등의 사치재 구입과 자녀들의 해외 유학 등에 쓰는 경우가 많은데, 이것은 내수를 키우기보다 수입(import) 확대를 통해서 국부를 해외로 이전하는 것

---

3) 법인세 감면 비판론자들은 법인세를 감면했다고 해서 투자가 느는 것이 아니라는 점을 강조한다. 이것은 맞는 말이기도 하고 틀린 말이기도 하다. 맞는 말이라는 것은 기업의 투자에 영향을 주는 것은 세금만이 아니기 때문이고, 틀리다는 뜻은 법인세를 감면하면 과거에 법인세가 부담되어 투자를 하지 않은 기업이 투자를 할 것이기 때문이다. 하지만 토지세를 올리고 법인세를 내리기 때문에 투자 확대 가능성은 더 크다. 왜냐하면 토지세를 올리면 토지의 효율적 이용도가 증가하기 때문이다. 흔히 보수 측에서는 법인세뿐만 아니라 토지세도 내려야 한다고 주장하는데, 이렇게 하면 생산적 투자보다 비생산적 토지투기가 더 자극될 수 있다. 이에 대한 자세한 사항은 남기업(2012, 116~125) 참조.

4) 송의영(2009, 114)은 "정부가 1%의 부동산 보유세를 산업용 자본의 토지와 주택에 부과하고 세수를 소득세 인하에 사용하면, 미래의 가계는 소득이 9% 증가한 것과 동등한 매우 큰 효용증가를 경험하게 될 것"이라고 했는데, 여기에 주택의 건물분 보유세를 감면하고 토지세를 더 높이면 그 효과는 더 커질 것이다.

과 마찬가지이다. 그런데 상위계층의 소득이 이렇게 줄어들면 이들의 이런 소비행태는 건강하게 바뀔 것이고, 하위계층의 소득수준 향상은 내수를 진작시키는 데 크게 도움이 되면서 결과적으로 나라경제의 내용은 더욱 튼실해져 갈 것이다. 요컨대 <개혁>이 유발하는 위와 같은 투자수요와 소비수요 증가는 총수요 곡선을 오른쪽으로 이동시킨다.

이번에는 총공급곡선의 변화를 살펴보자. <개혁>은 기술발전을 더욱 촉진시켜서 공급능력을 크게 향상시킬 것이다. 불로소득이 만연하고 아무리 열심히 일해도 집 한 칸 마련하기 어려운 사회에서 사회구성원들의 근로의욕은 감퇴하기 쉬운데, 토지 불로소득이 차단되고 노력소득을 더 많이 보장해주면 생산성을 높이기 위한 기술혁신은 자연스럽게 뒤따라오게 될 것이고, 이것은 공급능력 향상에 큰 도움이 될 것이다. 이렇게 보면 <개혁>은 총공급곡선 역시 오른쪽으로 이동시킨다고 할 수 있다.

결론적으로 개혁은 총수요·총공급 곡선 둘 다를 오른쪽으로 이동시켜 경제를 더욱 활성화시키면서 일자리를 더 많이 만들어내는 역할을 할 것으로 예상된다. <그림 7-1>에서 보듯이 <개혁>의 실시로 균형상태가 1에서 2로 이동하는데, 이것은 부작용이 수반될 수밖에 없는 정부의 인위적 이자율 낮추기와 같은 금융정책이나 정부지출 증가와 같은 재정확대정책으로 달성된 것이 아니라는 점에서 더 의의가 크다고 할 수 있다.

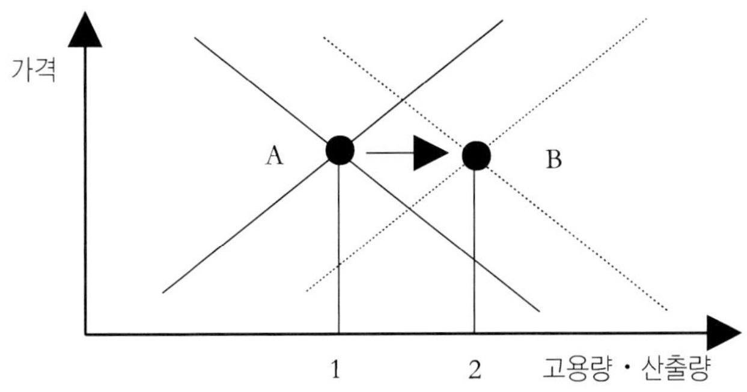

<그림 7-1> <개혁>의 성장에 관한 효과

이와 관련해서 플래스먼과 티드먼(Tideman & Plassman, 1998)의 연구는 위의 예상 효과에 확신을 더해준다. 두 사람은 지대를 100% 환수하는 대신 기타 세금을 감면하는 <개혁>을 서방 선진국에서 단행했을 시 <표 7-2>과 <표 7-3>의 결과가 나타날 것이라고 하였다(남기업 2010, 184~186).

<표 7-2> 국내순생산(NDP)의 변화(1993년)

구분	기존 조세체계(A)		개혁된 조세체계(B)		B/A(%)
	NDP (십억 달러)	일인당 NDP (달러)	NDP (십억 달러)	일인당 NDP (달러)	
미국	5,495	20,894	7,097	26,986	129
캐나다	490	16,348	765	25,490	156
프랑스	952	16,409	1,831	31,575	192
독일	1,178	14,370	2,196	26,776	186
이탈리아	892	15,460	1,707	29,588	191
일본	2,134	17,071	3,669	29,355	172
영국	883	14,972	1,599	27,105	181

자료: N. Tideman & F. Plassman(1998, 147).

<표 7-3> 초과부담의 감소와 저축률·자본스톡의 변화

구분	초과부담 감소		저축률(%)		자본스톡의 증가(%) (1993~1998)
	금액 (십억 달러)	대 NDP 비율(%)	기존 조세체계	개혁된 조세체계	
미국	784	14	3.4	8.2	31
캐나다	141	29	5.6	14.6	29
프랑스	457	48	7.2	18.8	31
독일	531	45	15.2	38.6	60
이탈리아	451	51	9.3	20.3	18
일본	699	33	19.6	57.4	106
영국	352	40	3.8	10.0	19

자료: N. Tideman & F. Plassman(1998, 148).

<표 7-2>과 <표 7-3>에 따르면 G7 국가에서 <개혁>을 단행할 경우 국내 생산(NDP)이 작게는 29%, 많게는 92% 증가하며, 초과부담은 작게는 14%, 많게는 51% 감소할 것으로 전망되고 있다. 또한 각 나라의 저축률도 크게 증가하고, 기계와 같은 장비를 의미하는 자본스톡은 세제개혁 후 5년간 작게는 18%, 많게는 106% 증가할 것으로 예상되고 있다. 한마디로 말해 보수가 원하는 더 많은 성장, 더 많은 일자리, 더 빠른 생산성 증가가 가능하다는 것이다.

실제로 1957년에서 1960년 사이 덴마크[5]는 강력한 토지세제 정책을 수립하여 눈부신 경제적 성과를 거두었다. 당시 소수당이었고 1900년대 초부터 토지세 강화를 통한 토지가치공유를

---

5) 덴마크 사례는 전강수·한동근(2002, 118-122)을 요약했다.

주창했던 덴마크 정의당(Danish Justice Party)은 사회민주당(노동계), 급진당(자유계)과 함께 연립하여 소위 '토지세 정부'를 구성했는데, 이 정부가 내세운 핵심 정책은 ① 토지 지대의 환수, ② 무역 자유화, ③ 토지세 이외의 세금은 동결 등 세 가지였다.

1957년 선거 이전에 덴마크는 상당한 규모의 국제수지 적자, 대규모 외채, 높은 이자율, 높은 실업률을 나타내었고 인플레이션율이 약 연 5%에 달했으며 통화는 평가절하의 위기에 놓여 있었는데, 새 연립정부가 집권한 1957년에서 1960년까지의 3년 반 동안 놀라운 일이 일어났다. 국제수지가 적자에서 흑자로 전환되었고, 16억 크로네 규모의 외채가 4억 크로네 규모로 감소했으며, 이자율이 하락했고, 그에 따라 신규주택 임대료도 하락했으며, 실업이 거의 해소되었고, 상당한 정도의 생산증가·임금상승이 있었으며, 인플레이션이 진정되었고, 사상 최고의 실질임금 상승이 있었으며, 신규 세금이 전혀 없었고, 산업에 평화가 찾아오고 파업이 전무하는 결과를 낳은 것이다. 그러나 1960년 총선에서 정의당이 참패하면서 토지세 정책은 크게 후퇴했고, 이후 덴마크 경제는 크게 악화되었다.

<표 7-4>는 '토지세 정부' 전후의 경제적 성과를 전체적으로 보여주는 표인데, 이 표를 보면 집권 기간 동안 덴마크가 경제성장률, 인플레이션율, 실업률, 임금상승률 등 주요 경제지표에서 놀랍게 호전되었음을 확인할 수 있다.

<표 7-4> '토지세 정부' 전후의 덴마크의 경제적 지표

(단위: %)

연도	소비자물가 상승률	실질 GDP 성장률	실업률	실질임금 상승률
1951	10.53	-0.6	9.7	-0.83
1952	3.81	1.0	12.5	4.99
1953	0.92	9.4	9.2	4.48
1954	0.0	2.9	8.0	2.6
1955	5.45	0.0	9.7	-0.45
1956	6.03	2.1	11.1	1.07
1957	2.74	5.3	10.2	3.96
1958	0.73	2.5	9.6	1.37
1959	1.73	6.7	6.1	6.47
1960	1.26	6.4	4.3	6.24
1961	3.45	6.0	3.9	7.05
1962	7.38	5.4	3.3	3.72
1963	6.11	0.6	4.3	0.99
1964	3.09	9.0	2.9	4.91
1965	5.45	4.9	2.4	6.85
1966	7.06	2.2	2.6	5.04

자료: 전강수·한동근(2002, 121).

03

사회갈등 해소에 관한 효과

앞서 밝혔듯이 토지 불로소득은 사회갈등을 초래하는 원인이다. 재개발·재건축에서 극심한 갈등이 일어나는 까닭은 개발 밀도를 높이면서 발생하는 토지 불로소득을 세입자만 빼고 재산권자와 건설사가 나눠 갖기 때문에 발생한다. 그러나 토지 불로소득을 환수하면 이런 일은 사전에 차단된다. 재산권자들이 무리하게 건축을 강행할 이유가 크게 줄어들고 세입자들의 저항이 발생할 가능성도 거의 사라진다.

한편 이것은 현재 딜레마에 빠져 있는 재건축·재개발에 큰 시사점을 준다. 지금까지 진행된 재개발·재건축은 개발이익이라는 토지 불로소득 사유화에 기댄 것이었다. 개발이익이 발생하면 재산권자들은 돈 들이지 않고 새집이 생겼고, 건설사들은 엄청난 이익을 남겼다. 그러던 것이 지금처럼 개발이익이 예상되지 않자 그걸 바라고 추진했던 재개발·재건축 사업의 추진은 중단되었고, 그로 인해서 지금까지 쏟아부었던 매몰비용 부담을 놓고 조합원들과 시행사가 갈등을 빚고 있다. 그러나 <개

혁>을 단행하게 되면 더 이상 개발이익에 기댄 재건축·재개발 추진은 불가능하게 된다. 스스로 돈을 조달해야 하고, 그렇기 때문에 재개발·재건축으로 인한 사회갈등은 상당부분 해소될 수 있다.

또한 농지와 녹지 보존도 쉬워진다. 지가가 고정되어 불로소득을 누릴 수 없게 되면 농지와 그린벨트를 다른 용도로 바꾸려는 시도를 하지 않는다. 농지 소유자는 열심히 농사를 지을 것이고 외지인이 농지를 소유하지도 않을 것이다. 그리고 그린벨트 지역에도 재산권을 행사하게 해달라는 현수막도 사라질 것이다. 왜냐하면 그린벨트 지역 토지의 용도를 변경해줘도 용도 변경으로 상승한 토지가치가 환수되기 때문이다. 아울러서 토지 불로소득을 환수하면 토지를 놀리거나 저사용(under-use)할 경우 손해가 되기 때문에, 한국 사회에서 흔히 볼 수 있는 현상, 즉 한때 화려했던 도시의 중심이 슬럼화되고 도시 외곽의 녹지가 무분별하게 잠식당하는 현상도 사라질 것이다.

한편 <개혁>은 노사갈등을 해소하는 데도 상당한 도움이 된다. <개혁>을 통해서 경제가 더욱 활성화되어 일자리가 늘어나고 주거문제가 해결되면 사용자에 대한 노동자의 협상력이 올라갈 뿐만 아니라, 불가피하게 단행해야 하는 구조조정에 대한 노동자의 극렬한 저항도 크게 줄어들게 된다. 한마디로 말해서 <개혁>은 노사갈등 해소에 기반이 된다는 것이다.

결론적으로 토지문제 해결이 사회갈등 해소에 미치는 효과는 토지가 사회에 미치는 영향이 크다는 것을 생각하면 능히 짐작할 수 있다. 본질적으로 불로소득은 다른 사람의 소득을 가져오는 것이기 때문에, 다시 말해서 토지 불로소득으로 누가 돈을 벌었다는 것은 누가 잃었다는 것이기 때문에 각종 문제를 초래할 수밖에 없다. 따라서 토지가 초래한 소득불평등에서 오는 갈등, 재산권을 둘러싼 갈등, 빈곤에서 오는 각종 범죄와 갈등은 해결될 것이다.

04

개인에게 미치는 효과

그러면 이제 좀 더 구체적으로 각 개인에게 미치는 효과를 검토해보자.

먼저 <개혁>이 임금노동자에게 미치는 효과가 가장 엄청날 것이다. 소득세 감세도 그렇지만, 노동의 수요가 크게 증가해 실질임금은 크게 상승할 것이다. 하지만 턱없이 많은 임금을 받는 재벌그룹 회장들이나 CEO의 임금은 낮아질 가능성이 높다. 지금 이들의 임금이 상당히 높은 것은 이들의 힘(power)이 노동자의 그것보다 훨씬 세기 때문이다. 어느 누구도 이들의 임금 차이가 생산성의 차이를 정확히 반영하고 있다고 주장하기는 어려울 것이다. 그런데 <개혁>이 진행되면 노동자의 힘이 크게 높아지기 때문에 경영자나 사용자의 전횡이 어렵고 임금의 불합리한 격차도 시정될 것이다.

두 번째로 자본가에게 미치는 효과를 살펴보자. <개혁>은 법인세가 줄어들기 때문에 더 높은 이익을 얻을 수 있고, 토지 가격이 낮아지는 효과를 발휘하기 때문에 사업을 확장하기가 훨씬 수월해질 것이다.

세 번째로 자가주택소유자에게 미치는 효과를 살펴보자. 많은 사람들이 집 하나 달랑 가지고 있는 사람에게 토지세를 강화하면 엄청난 부담이 되고, 또 가격이 하락해서 문제라고 생각하지만, 사실은 그렇지 않다. 왜냐하면 본인이 소유한 주택가격만 하락하는 것이 아니라 모든 주택이 그렇게 되고, 소득세나 법인세를 감면해주기 때문에 부담이 늘어나는 것도 아니기 때문이다. 물론 소득에 비해 고가의 주택을 소유한 자, 즉 주택 과소비자들에게는 부담이 될 수 있지만, 사실 이것은 주택 과소비라는 비정상을 정상화시키는 것이라고 할 수 있다. 그리고 <개혁>은 주택가격의 거품을 제거하는 동시에 실질 소득도 증가시키기 때문에 더 크고 더 비싼 주택으로 옮겨가기가 수월해지고, 후손들의 주거불안도 크게 줄어들게 되어 생활의 안정성이 그만큼 더 확보될 수 있다.

네 번째로 농민에게 미치는 효과를 살펴보자. 면적으로 보면 토지를 가장 많이 소유한 농민이 <개혁>에 가장 큰 손해를 볼 것 같지만, 사실은 그렇지 않다. <개혁>에서 가장 문제가 되는 토지는 도시 토지나 개발예정지다. 농지의 실제 가치는 매우 낮기 때문에 농민이 토지세로 납부해야 할 세금은 매우 작다. 또한 <개혁>은 '소득분배 개선 → 삶의 질 추구 → 친환경 농산물 수요 증가'라는 메커니즘이 작동할 가능성이 높기 때문에 농가의 소득창출기회도 크게 늘어날 것이다. 그리고 기존에 터무니없이 비쌌던 농지가격 때문에 농업에 진출하기가 어려웠던 농업희망자들도 쉽게 진출할 수 있게 되어 농업이 활성화되는 데도 크게 기여할 것이다.

마지막으로 정부에 미치는 효과를 살펴보자. 정부는 소득분배가 개선되기 때문에, 다시 말해서 복지수요가 크게 줄어들기 때문에 정부의 재정지출을 절약할 수 있게 된다. 그뿐 아니라 도로 건설과 각종 토목공사와 같은 각종 토건사업을 줄일 수 있는 것도 큰 장점으로 꼽을 수 있다. 많은 토건사업이 진행되는 이유, 불필요한 도로, 지하철 공사, 산업단지 조성, 불필요한 택지조성사업의 중요한 요인 중 하나가 토지 불로소득을 노리는 것인데, <개혁>은 토지 불로소득을 100% 환수하여 이런 동기를 차단한다. 또한 각종 기반시설을 설치해달라는 수많은 민원이 줄어들기 때문에, 그리고 토지와 관련된 각종 민원도 사라지기 때문에 사회적 낭비도 막을 수 있게 된다.

PART 8
패키지형 세제개혁의 잠재력

01

요약 및 결론

지금까지 필자는 복지수요가 급증하는 상당한 원인 중 하나가 토지에 있다고 보고, 그것을 해결하는 방법으로 <개혁>을 제시한 후, <개혁>과 기존 방안인 <증세>와 <감세> 방안을 소유권의 관점에서, 경제원칙의 관점에서, 조세원칙의 관점에서 비교하고, <개혁>의 원칙에 부합하는 두 가지 시나리오와 그에 대한 시뮬레이션 결과를 제시하고 그것이 분배개선과 성장, 그리고 사회갈등 해소, 그리고 각 개인에게 미치는 효과를 검토하였다.

이 책이 의미가 있으려면 토지의 사회경제적 영향력이 다른 어떤 것보다 크다는 것이 논증되어야 하는 까닭에, PART 2에서는 토지가 자본과 구별되는 독특한 생산수단이라는 것과 토지의 영향력이 다른 어떤 것보다 크고 광범위하다는 것을 집중적으로 다루었다.

PART 3에서는 소유권 차원에서 <개혁>과 <증세>와 <감세>를 비교했다. 세금을 논하는 데에서 소유권까지 거슬러 올라가는 이유는, 현재의 세금 논쟁에 정리된 목소리가 없고, 항상 <증세>와 <감세>가 대립하고 있기 때문이다. 이럴 때는 최종심급이라고 할 수 있는 소유권 논의를 통해서 정리하는 것이 가장 좋다. 하지만 기존 논의와 달리 여기에서는 토지소유권을 논의의 중심에 두고 전개하였다. 이런 관점하에 필자는 롤스와 노직을 진보와 보수를 대표하는 사상가로 등장시켜 그들이 말하는 계약 원리 위에 토지소유권을 올려놓았을 때 어떤 토지소유권이 도출되는지 검토하였다. 검토 결과 롤스에게서는 지대를 100% 환수하는 지대조세제가 도출되었고, 노직에서는 현재 지가의 이자부분을 인정하는 지대이자차액세제가 정당화되었다. 롤스의 결론은 어느 정도 예상했을 수 있으나, 사유재산권의 정당성을 강력 옹호하는 노직에게서 토지가치공유라는 결론은 흥미로운 결과다. 이를 통해서 우리는 토지 불로소득 완전 환수를 목표로 하는 토지세 증세는 진보와 보수를 떠나서 동의할 수 있는 부분임을 알게 되었다. 그리고 이와 같은 토지가치공유라는 토대 위에서 노동의 임금과 자본과 자본의 이자에 관한 소유권도 검토했는데, 검토 결과 진보와 보수의 간극을 좁힐 수 있음을 확인하였다. 좀 더 설명하면 '토지가치공유'을 기반으로 해서 노동의 임금과 자본의 이자를 살펴보면 강력한 재분배의 근거가 사라질 뿐만 아니라 자본과 자본의 이자가 착취의 산물이라고 하는 마르크스의 잉여가치론도 설 땅을 잃어버리게 된다.

PART 4에서는 경제학의 중요 기둥인 효율성과 형평성을 기준으로 <개혁>과 <증세>와 <감세>를 비교 검토하였다. PART 3이 규범적 검토라면 PART 4는 경제학적 검토인 셈이다. 이를 통해 토지세는 경제에 부담을 주지 않는 중립적인 성격을 지녔을 뿐만 아니라 경제를 더욱 확장시키는 세금임을 논증했다. 반면에 모든 상품에 무차별적으로 부과되는 부가세는 경제효율을 해칠 뿐만 아니라 분배상태도 악화시키는 세금으로, 그리고 소득세와 법인세는 형평성은 높일 수 있으나 효율성은 저해하는 세금임을 논증했다. 이를 통해서 토지세 증세와 부가세·소득세·법인세 감면이라는 <개혁>의 방향이 경제원칙에도 부합함을 보였다.

PART 5에서는 조세원칙을 통해서 검토했는데, <개혁>이 공평의 원칙, 경제성의 원칙, 세무행정상의 원칙 모두를 골고루 만족시킴을 보였다. <증세>와 <감세>가 만족시키는 부분이 있기도 하지만, <증세>는 경제성의 원칙과 세무행정상의 원칙에, <감세>는 공평의 원칙과 경제성의 원칙에 부합하지 않는다.

요긴대 이상의 PART 3, PART 4, PART 5을 통해서 <개혁>이 소유권의 측면에서, 경제원칙의 측면에서, 조세원칙의 측면에서 가장 탁월한 방안임을 입증하였다.

PART 6에서는 PART 3, PART 4, PART 5의 결론을 바탕으로 진보와 보수가 추진할 수 있는 <개혁> 시나리오를 디자인하고 그에 관한 시뮬레이션 결과를 제시하였다. 여기서 진보와 보수는 조세부담률과 토지 불로소득을 얼마나 어떤 방법으로 환수하느냐로 구분했다. 먼저 보수의 <개혁>은 2010년의 조세부담률(19.3%)을 유지하면서 개혁을 추진하는 것인데 여기에서는 현행 지가를 인정하는 지대이자차액세제를 추진하면서 부가세, 소득세, 법인세를 감면했다. 진보의 <개혁>은 지대 100%를 환수하는 동시에 조세부담률을 OECD 평균 25%를 목표로 하는 방법이다. 즉, 조세부담률이 25%에 이를 때까지 토지세를 강화시키고 25%를 초과하면 그때부터 부가세·소득세·법인세를 감면한다는 것이다. 그리고 위와 같은 방법으로 <개혁>을 추진했을 때 지가의 변화와, GDP 대비 토지세, GDP 대비 부가세·소득세·법인세 변화추이를 각각 살펴보았다.

이런 시나리오 결과를 제시한 이후 7장에서는 <개혁>이 분배와 생산에, 그리고 사회갈등 해소와 각 개인에게 어떤 영향을 미치는지를 분석하였다. <개혁>은 주거문제를 상당부분 해결하는데, 이것은 하위계층의 실질소득을 높이는 역할을 할 것이고, 반면에 주택과 건물, 나대지 등을 많이 보유한 상위계층의 소득은 감소시켜 분배 개선에 크게 기여할 수 있음을 보였다. 또한 <개혁>은 엄청난 토지를 소유한 재벌·대기업에겐 불리하게 작용하고 토지를 가지고 있지 않은 중소기업과 신규기업에게는 유리한 환경을 조성하는데, 이것 역시도 소득분배를 개선시키는 데 크게 기여한다는 것을 논증했다. 마지막으로 <개혁>은 일자리 창출에 크게 도움이 되는데, 이것은 실업상태에 빠질 가능성이 큰 저소득층의 실질소득을 증가시켜 주는 역할을 할 것임을 보였다.

성장 측면에서 보면 <개혁>은 소비수요와 투자수요의 증가를 가져와 총수요 곡선을 우상향시킬 뿐만 아니라, 토지 불로소득은 환수하고 개인소득과 법인소득을 더 많이 보장해주기 때문에 기술개발을 통한 기업의 공급능력도 크게 향상시킬 수 있음을 보였다. 사회갈등 해결의 측면에서 보면 <개혁>은 토지 불로소득 때문에 발생하는 재개발·재건축문제를 미연에 방지할 수 있고, 토지문제 때문에 발생하는 노사갈등, 토지문제가 초래했던 소득분배 악화와 수많은 사회문제를 해결할 수 있음을 보여주었다. 그리고 각 개인에게 <개혁>이 어떤 결과를 미치는지도 살펴보았는데, 농민, 자가주택소유자, 노동자, 사업가 등에 모두 긍정적인 영향을 미치는 것으로 나왔다. 물론 기존에 토지과다소유자에게는 당장에는 손해를 수반할 수 있으나, 장기적으로는 사회 전체가 역동성과 안정성이 조화되기 때문에 반드시 '손해'라고만 할 수 없다.

02

<개혁>의 잠재력

이러한 <개혁>은 복지수요가 폭발적으로 증가하고 있는 한국 사회에, 그리고 보수의 <감세>와 진보의 <증세>가 대립하고 있는 학문 영역에 어떤 함의를 줄 수 있을까?

첫째, 한국 사회에서 세금에 관한 논쟁은 증세를 주장하는 진보와 감세를 옹호하는, 혹은 증세를 부담스러워하는 보수 간의 첨예한 대립으로 나타났는데, <개혁>은 증세와 감세를 절충(compromise)하는 것이 아니라 창조적으로 결합(synthesis)하는 방안을 담고 있다는 점에서 큰 의의를 찾을 수 있다. 그뿐만 아니라 <개혁>은 진보가 중시하는 형평성과 보수가 중시하는 효율성을 동시에 달성할 수 있는 것이어서 한국 사회의 정치적 갈등 해결에 큰 도움을 줄 수 있을 것이다.

둘째, 우리는 <개혁>이 거부하기 어려운 수미일관된 논리를 가지고 있다는 것에서 또 다른 잠재력을 발견할 수 있다. '토지가치공유'는 진보와 보수, 즉 이념을 떠나서 모두가 동의할 수 있는 지점이고 여기에서 시작하면 재분배를 둘러싼 논쟁도 어느 정도 수렴될 수 있게 된다. 또한 <개혁>은 효율성과 형평성, 그리고 조세원칙의 측면에서도 <감세>와 <증세>보다 잘 부합함을 보였다.

필자는 지금까지 진보와 보수가 세금에 있어서 서로 충돌하는 목소리를 낸 이유 중에 하나가 소유권에서부터 논의를 시작하지 않았기 때문이라고 본다. 오늘날의 재정학이 제시한 공평의 원칙, 경제성의 원칙, 세무행정상의 원칙과 같은 개념을 가지고 바람직한 세금원칙을 도출하기란 매우 어렵다. 그러나 인간의 생산 활동에 가장 큰 영향을 미치는 토지에서부터 소유권을 검토하면, 즉 '검토된 토지소유권'이라는 토대 위에서 인간이 만들어낸 생산수단과 요소소득에 대한 소유권 논의를 진행시키면 보수와 진보의 차이점이 크지 않다는 것을 발견하게 된다. 요컨대 <개혁>은 세제원칙을 소유권 논의부터 시작했다는 점에서 큰 의의를 발견할 수 있다.

셋째, 한국 사회가 해결해야 할 가장 큰 문제는 양극화 심화이고, 그것의 핵심 원인은 토지소유의 양극화인데, 이것에 대한 근본 해결책을 제시할 수 있다는 면에서 <개혁>은 큰 의의를 제시할 수 있다. 많은 사람들이 양극화의 핵심 원인에 토지가 있다고 말하지만, 이것의 해결책을 제시하는 경우는 매우 드물었다. 원인진단과 구체적인 대책을 일관된 논리로 제시하고 있는 이 책이 가진 잠재력이 큰 까닭이 바로 여기에 있다.

넷째, 무엇보다도 <개혁>의 잠재력은 현실 적용 가능성에 있다. 이 책은 양극화 해결을 위한 두 가지 시나리오를 제시하고 있는데, 이것은 현실 조건에 맞게 얼마든지 변형이 가능하다. 그러기 위해서는 두 시나리오가 가지고 있는 한계를 들여다보는 것이 필요하다. 첫 번째 진보의 <개혁>안은 지가가 결국 '0'으로 수렴하기 때문에, 원본 잠식, 지가 보상, 상위계층의 저항이라는 경제적·사회적 비용발생이라는 문제와 지가하락으로 인한 금융 불안정 문제가 예상된다. 물론 금융 불안정은 지대환수 기간을 길게 잡으면 피할 수 있지만 그렇다고 문제가 완전히 해소되는 것은 아니다. 그리고 조세부담률을 꼭 OECD 평균 25%로 갈 필요가 있느냐고도 할 수 있다. 다음으로 보수의 <개혁>은 진보의 방안과는 반대로 현재의 거품이 낀 지가, 즉 GDP의 3배가 훨씬 넘는 지가를 그대로 인정해주는 것이기 때문에 불합리하다는 반론이 제기될 수 있다. 두 가지 방안의 한계가 이러하기 때문에 현실정책은 지가폭락, 금융 불안정, 조세부담률 등을 종합적으로 검토하여 최적지점을 찾아야 할 것이다. 예를 들어 지대의 20%까지 환수 한 이후 지대이자차액세제를 도입하고 조세부담률 21%를 목표로 한 방안도 하나의 대안이 될 수 있다. 그리고 GDP 대비 부가세·소득세·법인세의 비중을 낮추는 것도 누진도를 지금보다 강화하거나 낮추면서 추진할 수 있기 때문에, 이념형으로 제시한 두 가지 시나리오를 바탕으로 한 다양한 조합이 가능하다.

다섯째, <개혁>은 지금 한국사회에 주된 담론인 경제민주화에 가장 잘 어울리는 세제개혁 방안이다. 경제민주화가 다양하게 정의될 수 있겠지만, '경제'와 '민주화'가 합성되었다는 것에서 우리는 경제민주화를 "경제주체 간의 힘의 균형"이라고 정의할 수 있다. 좀 더 풀어 말하면 대기업과 중소기업 간의 힘의 균형, 노동자들 간의 힘의 균형, 사용자와 노동자 간의 힘의 균형을 뜻한다고 할 수 있는데, 바로 <개혁>이 대기업보다는 중소기업과 신규기업에게, 대기업 정규직보다는 비정규직과 중소기업 노동자들에게, 그리고 사용자보다는 노동자에게 더 큰 힘을 보태주어 대등한 관계를 이루는 데 도움을 준다는 것이다. 왜냐하면 어떤 경제주체가 약하게 되는 원인 중의 하나가 토지문제에서 비롯되는데, <개혁>이 토지문제라는 요인을 근본적으로 제거해주기 때문이다.

마지막으로 이 책의 한계를 논하면 다음과 같다. 먼저 이 책은 토지소유권 측면에서는 분명한 입장을 정리하지만, 노동의 임금과 자본과 사본의 이사의 소유권에서는 명확한 입장을 제시하지 못했다. 이 책이 제시하는 <개혁>이 좀 더 설득력을 얻으려면 이 부분에서 충분한 보완이 이루어져야 한다. 이 책의 또 다른 한계는 소득세와 법인세의 효율성과 형평성을 좀 더 엄밀하게 검토하여 토지세를 올리는 만큼 이 세금을 얼마나 어

떤 방법으로 감면할지를 다루는 데까지 나아가지 못했다는 점
이다. 그리고 이 책은 토지세·부가세·소득세·법인세의 세금
총액을 어느 정도 올리는지에 대해서만 다루고, 각 세금의 누진
도는 구체적으로 디자인하지 못했다. 이런 부분은 추후 과제로
남겨두고자 한다.

참고문헌

강신욱. 1998. 「John Roemer의 분석적 맑스주의 경제이론에 대한 연구」. 서울대학교 경제학과 박사학위 논문.

곽태원. 2008. 「세제개혁의 원칙과 기본 방향」. 한국재정학회 세제개혁위원회 편. 『한국 경제 선진화를 위한 세제개혁』. 해남.

구찬동. 2012. 「토지와 분배문제」. 김윤상·조성찬·남기업 외. 『토지정의, 대한민국을 살린다』. 평사리.

김승래. 2010. 「일반균형모형을 이용한 주요 세목별 세수증대 정책의 귀착효과 비교」. 한국재정학회 2010년 추계 정기학술대회 발표논문.

김윤상. 2002. 『토지정책론』. 한국학술정보(주).

______. 2005. 「지공주의(地公主義)를 옹호한다: 자유주의자의 비판에 대한 반비판」. 『역사비평』. 통권 72호(가을호)

______. 2006. 『알기 쉬운 토지공개념』. 경북대학교 출판부.

______. 2009a. 『지공주의: 새로운 토지 패러다임』. 경북대학교 출판부.

______. 2009b. 「버블 비국과 지공주의」. 이정전·김윤상·이정우 외. 『위기의 부동산』. 후마니타스.

______. 2011. 「토지사유제가 초래하는 소득 불평등 해소 방안 연구: NetLogo를 이용한 지대세와 누진소득세의 효과 비교」. 『토지＋자유 연구』. 7호.

김정호. 2005. 『왜 우리는 비싼 땅에서 비좁게 살까』. 삼성경제연구소.

김태일. 2013. 『국가는 내돈을 어떻게 쓰는가』. 웅진지식하우스.

남기업. 2007. 『지공주의: 새로운 대안경제체제』. 한국학술정보.

______. 2010. 『공정국가: 대한민국의 새로운 국가모델』. 개마고원.

______. 2011. 「진보와 보수의 입장에서 본 "공정한" 토지제도 연구」. 『공간과 사회』. 37권.

______. 2012a. 「토지세 강화와 조세대체 전략」. 김윤상·조성찬· 남기업 외. 『토지정의, 대한민국을 살린다』. 평사리.

______. 2012b. 「지대 기본소득과 마르크스의 착취론」. 『진보평론』. 54호.

남기업·최기환·성승현. 2012. 「CGE를 이용한 '패키지형 세제개혁' 의 효과에 관한 연구」. 『토지＋자유 연구』. 11호.

남상호. 2007. 「家計資産 分布와 不平等度의 要因別 分解: 勞動패 널 資料를 中心으로」. 경제학 학술대회 발표자료.

류동민. 1995. 「노동시장분석의 미시적 기초」. 한국사회경제학회. 『가 치이론 논쟁: 정치경제학의 새로운 모색을 위하여』. 풀빛.

박성욱. 2007a. 「부동산에 대한 과세의 거시경제적 효과」. 『금융경제 연구』. 제285호.

______. 2007b. 「조세종류별 후생효과 분석」. 한국은행. 『금융경제연구』. 제301호.

변창흠·안균오. 2009. 「개발이익 환수규모 추정과 개발부담금제도 개선방안 연구」. 대한국토도시계획학회 2009 춘계산학협동 학 술대회.

손낙구. 2008. 『부동산 계급사회』. 후마니타스.

송의영. 2009. 「부동산시장과 국민경제: 시뮬레이션 분석을 중심으로」. 김재형 편. 『부동산정책의 종합적 검토와 발전방향 모색』. 한 국개발연구원.

이상이. 2011. 「진정성 있는 '복지 뉴비전'이 되려면」. <경향신문> 07/26.

이재율. 1998. 「리카도지대론 연구」. 『국제경제연구』. 제5권 2호.

이정전. 2009. 「부동산 시장 만능주의를 넘어」. 이정전·김윤상·이 정우 외. 『위기의 부동산』. 후마니타스.

전강수. 2005. 「부동산 양극화의 실태와 해소 방안」. 역사비평사. 『역 사비평』. 통권 71호. pp.171-201.

______. 2007. 「부동산 정책의 역사와 시장 친화적 토지공개념」. 『사회경제평론』. 제29(1)호. pp.373-421.

전강수·한동근. 2003. 「지가와 신용: 한국과 일본의 비교분석」. 『경제학연구』. 51권 4호.

전강수·한동근. 2000. 『토지를 중심으로 본 경제 이야기』. CUP.

정운영. 1993. 『노동가치이론 연구』. 까치출판사.

조성찬. 2010. 「부동산시장 침체기는 부동산정책 패러다임의 전환기」. 『토지＋자유 연구』. 2호.

Lyons, David. 1982. "The New Indian Claims and Original Rights to Land." In Paul, Jeffrey(eds.). *Reading Nozick: Essays on Anarchy, State and Utopia.* Blackwell.

Dwyer, Terence Michael. 1980. "A history of the theory of land-value taxation." 하버드대학교 박사학위논문.

Engels, Friedrich 저·김태호 역. 2001. 「칼 맑스의 장례」. 『칼 맑스/프리드리히 엥겔스 저작 선집 제5권』. 박종철출판사.

George, Henry 저·김윤상 역. 1997. 『진보와 빈곤』. 비봉출판사.

______________________. 2010. 『정치경제학』. 아름다운땅.

Harrison, Fred. 1979. "Gronlund and Other Marxists." In *Critics of Henry George*. Rovert V. Andelson (ed.). Associated University Press.

Harrison, Fred 저·전강수·남기업 역. 2008. 『부동산 권력: 투기와 거품 붕괴의 경제학』. 범우사.

Keynes, J. M 저·조순 역. 1997. 『고용, 이자 및 화폐의 일반이론』. 비봉출판사.

Marx, Karl 저·김태호 역. 2002. 「토지 국유화에 관하여」. 『칼 맑스/프리드리히 엥겔스 저작 선집 제4권』. 박종철출판사.

Marx, Karl 저·김호균 역. 2000. 『정치경제학 비판 요강 I』. 도서출판 백의.

Marx, Karl 저·이수흔 역. 2000. 「고타 강령 초안 비판」. 『칼 맑스/프리드리히 엥겔스 저작 선집 제4권』. 박종철출판사.

Marx, Karl 저·김수행 역. 1991a. 『자본론 I(下)』. 비봉출판사.

Marx, Karl 저·최인호 역. 1991b. 「1844년의 경제학 철학 초고」. 『칼

맑스/프리드리히 엥겔스 저작 선집 제1권』. 박종철출판사.

Marx, Karl 저·김수행 역. 1990.『자본론 Ⅲ(下)』. 비봉출판사.

Marx, Karl. 1881. "On Henry George." A Letter to Friedrich Adolph Sorge. (http://www.marxists.org/archive/marx/works/1881/letters/81_06_20.htm)

Médaille, John C. 2009. "Justice and Mr George: What Henry George Knew, what the neoclassicists forgot, and why it matters." *International Journal of Social Economics* Vol. 36. No. 4. pp. 447-461.

Meek, Ronald 저·김제민 역. 1985.『노동가치론의 역사』. 풀빛.

Nozick, Robert 저·강성학 역. 1991.『自由主義의 정의론』. 大光文化社.

Rawls, John 저·황경식 역. 2003.『정의론』. 이학사.

Tideman, N. and Plassman, F. 1998. "Taxed out of Work and Wealth: the Cost of Taxing Labor and Capital." in Harrison, F. (ed).. *The Losses of Nations*. Othila Press Ltd.

Ricardo, David 저·정윤형 역.『정치경제학 및 과세의 원리』. 비봉출판사.

Smith, Adam 저·김수행 역. 1998.『국부론』. 동아출판사.

경실련. 2011.「15대 재벌의 총자산, 토지자산, 사내유보금, 설비투자 추이 분석결과 발표」. 보도자료 5/12.

국세청. 각 연도.『국세통계연보』.

머니투데이. 2011.「이용섭 '조세부담률, 2017년 21%까지 단계적 확대해야'」. 9/20.

산업연구원. 2013.「한국 경제의 가계와 기업 간 소득성장 불균형 문제: 현상, 원인, 함의」.『e-KiET 산업경제정보』. 제549호.

한국경제. 2012.「新 빈곤시대…중산층 줄고 계층이동 어렵고」. 10/10.

한국은행. 2013.「가계소득 현황 및 시사점」. Issue Paper Series No. 2013-1. 1/14.

행정안전부. 각 연도.『지방세정연감』.

행정자치부. 2007. 보도자료.「2006년 토지소유현황 발표」.

OECD. 2012. *Revenue Statistics 1965-2011*.

남기업

저자는 토지문제의 진정한 해결책을 연구하는 학자이자 운동가이다. 성균관대학교 정치외교학과를 나와 같은 대학에서 국내 최초로 헨리 조지 사상을 주제로 한 논문으로 정치학 박사학위를 받았다. 토지정의시민연대에서 초대 사무처장을 지냈고, 현재는 토지＋자유연구소 소장, 웨스트민스터 신학대학원대학교 조교수로 활동하고 있다.

대표 저서로는 『지공주의: 새로운 대안경제체제』(2007), 『공정국가: 대한민국의 새로운 국가모델』(2010), 『부동산 신화는 없다: 투기 잡는 세금 종합부동산세』(공저, 2008), 『토지정의, 대한민국을 살린다』(공저, 2012), 『희년, 한국 사회, 하나님 나라』(공저, 2012) 등이 있고, 번역서로는 『부동산 권력: 투기와 거품 붕괴의 경제학』(공역, 2009) 등이 있다. 현재 토지정의를 기반으로 한 대안체제 연구에 많은 관심을 가지고 있다.

패키지형 세제개혁
증세와 감세를 넘어서

초 판 인 쇄 ｜ 2013년 9월 12일
초 판 발 행 ｜ 2013년 9월 12일

지 은 이 ｜ 남기업
펴 낸 이 ｜ 채종준
펴 낸 곳 ｜ 한국학술정보㈜
주   소 ｜ 경기도 파주시 문발동 파주출판문화정보산업단지 513-5
전   화 ｜ 031) 900 3101(대표)
팩   스 ｜ 031) 908-3189
홈 페 이 지 ｜ http://ebook.kstudy.com
E - m a i l ｜ 출판사업부 publish@kstudy.com
등   록 ｜ 제일산-115호(2000. 6. 19)

ISBN   978-89-268-4607-0 03330 (Paper Book)
          978-89-268-4608-7 05330 (e-Book)

이담 Books 는 한국학술정보(주)의 지식실용서 브랜드입니다.